翻转课堂模式下的英语教学创新探究

李琰艳◎著

文化发展出版社
Cultural Development Press
·北京·

图书在版编目（CIP）数据

翻转课堂模式下的英语教学创新探究 / 李琰艳著
. — 北京 : 文化发展出版社，2023.12
ISBN 978-7-5142-4238-6

Ⅰ. ①翻… Ⅱ. ①李… Ⅲ. ①英语－课堂教学－教学研究 Ⅳ. ① H319.3

中国国家版本馆 CIP 数据核字 (2024) 第 015942 号

翻转课堂模式下的英语教学创新探究

李琰艳 著

出 版 人：宋 娜
责任编辑：任秀颖　　责任校对：岳智勇
责任印制：邓辉明　　封面设计：守正文化
出版发行：文化发展出版社（北京市翠微路 2 号 邮编：100036）
网 址：www.wenhuafazhan.com
经 销：全国新华书店
印 刷：天津和萱印刷有限公司

开 本：710mm × 1000mm 1/16
字 数：191 千字
印 张：10.75
版 次：2025 年 1 月第 1 版
印 次：2025 年 1 月第 1 次印刷

定 价：72.00 元
I S B N：978-7-5142-4238-6

前　言

随着互联网技术应用范围的不断扩大，互联网也开始在教育领域发挥重要的作用，出现了许多不同类型的英语教学软件和辅助的教学方法。比如，以慕课和微课作为技术基础的翻转课堂，一般会使用逆向教学法让学生在课前就通过多种类型的多媒体资源自主完成学习任务，然后再让学生根据教学视频的要求自行完成在线的测试，从而将知识内化于心，学生在完成学习问题的过程中和参与课堂的互动过程之中，理解并掌握新的知识内容，从而最终实现学习目标。

和过去的传统课堂教学相比，翻转课堂使用个性化的互动方式完成了教师的讲授过程，利用先学后教的方法，改变了过去传统的固化教学思维，培养了学生的创造性思维，使学生能够独立地处理学习过程中出现的问题，课堂的评价标准和教学内容、教学方法、教学媒介、师生各自承担的角色都发生了逆转。和传统的课堂相比，翻转课堂强调的是学习的交互性和自主性，并且多种类型的网络资源也让知识表现出更加丰富的方式。翻转课堂能够使学生从过去的被动学习转变为主动学习，这一学习方式推动了高校英语教学的改革。

本书共五章。第一章为翻转课堂概述，主要介绍了翻转课堂的起源和发展、翻转课堂的概念和本质、翻转课堂教学的优缺点；第二章为英语教学概述，对英语教学的内涵、英语教学的基本原则及英语教学的传统方法进行了详细介绍；第三章为翻转课堂在英语教学中的应用，介绍了翻转课堂在英语教学中应用的理论依据、翻转课堂在英语教学中应用的可行性和翻转课堂在英语教学中应用的流程；第四章为英语教学模式的创新，从学生的英语学习方式创新、英语教师的角色转变和师生交互模式的创新三方面进行了介绍；第五章为翻转课堂模式下英语教学的创新实践，分别论述了翻转课堂模式下的英语词汇与语法教学创新、翻转课堂模式下的英语听力与口语教学创新、翻转课堂模式下的英语写作与翻译教学创新和翻转课堂模式下的英语阅读与文化教学创新。

在撰写本书的过程中，作者得到了许多专家学者的帮助和指导，参考了大量的学术文献，在此表示真诚的感谢！本书内容系统全面，论述条理清晰、深入浅出。

限于作者水平，本书难免存在一些不足之处，在此，恳请专家和读者朋友批评指正！

李琰艳

2023 年 5 月

目录

第一章　翻转课堂概述

翻转课堂作为一种新兴的教学模式，颠覆了传统的教学模式，在国内外掀起了教学改革的新浪潮。随着互联网的发展，翻转课堂模式也产生了较好的效果。

第一节　翻转课堂的起源和发展

一、翻转课堂产生的社会背景

（一）信息化时代的发展

教育作为社会的一个子系统，其发展必然会受到时代和社会的影响和制约。当今世界，科技发展日新月异，一个最为显著的特征就是信息技术的迅猛发展，信息技术把社会带入了信息化时代。信息技术的发展对社会经济、政治、文化各方面都产生了深远的影响。以“互联网+”、大数据、云计算、虚拟现实、物联网、人工智能为代表的信息技术飞速发展，改变了人们的思维、生产、生活和学习方式，显著提高了各行各业的生产力，推动了各领域的变革和创新。移动互联网更是以不可思议的力量，将越来越多的人和物连接在一起，使万物互联互动的新局面形成。

信息技术正在上演着一场对传统行业的“破坏式创新”，导致产业结构发生了剧烈的变化，深刻地改变了社会的发展以及人们的生活，人们的潜能从未像今天这样得到全方位的激发和释放。众多传统行业都因与互联网的融合而焕发出全新的面貌，忽略或拒绝信息技术将受到毁灭性的打击。

（二）信息技术对教育的影响

相较于其他行业，教育是目前受到信息技术影响相对较小的领域。不可否认，与其他领域相比，信息技术在教育领域的应用已明显滞后，大多还停留在手段和方法等的应用上，并没有对教育产生革命性的影响。诸如幻灯片、投影、激光笔、电子白板这些设备对于今天的教育来说，都属于可有可无、锦上添花的创新，并不能从根本上改变教育。可以说，即使没有这些设备也不会严重影响教师上课。从孔子、苏格拉底时代到信息化时代，教师只要有一支粉笔、一块黑板，就可以上课，而学生千百年来同样只需要安静地坐着、听着、记着、理解着。

在教育发展规律的作用下，可以发现，随着信息技术的快速发展，传统教育的局面正在被打破。尤其是在 2011 年之后，信息技术加速进入教育领域，技术的作用逐渐凸显，开始渗透并改变着传统教育的每个元素，包括教学环境、教学内容、教学方式、师生关系等。教育正在成为下一个被信息技术“破坏式创新”的领域。

自 2011 年塞巴斯蒂安·特伦（Sebastian Thrun）和彼得·诺维格（Peter Norvig）开设“人工智能导论”慕课以来，慕课在全世界范围呈现井喷式发展，许多国家都开始推广慕课教育。随着慕课的兴起和风行，翻转课堂作为一种具有创新性的教学模式，备受全球教育界关注，并迅速受到我国教育界的热捧。翻转课堂将线上学习与线下教学无缝衔接，填补了慕课只能线上学习的不足，促成了学校教育教学的重大变革。慕课与翻转课堂优势互补，具有天然的契合度，二者相结合，进一步推动了传统高等教育的变革。

除了慕课和翻转课堂，近年来，大数据、学习分析技术、直播技术、人工智能应用、语音识别、人脸识别、表情识别等技术已经越来越多地应用于教育领域，在个性化教学、减轻教师工作负担、提高教学效果上作用显著。个性化的智慧教育生态正在形成。

信息技术对教育的影响是十分惊人的。慕课、翻转课堂、大数据、人工智能出现并广泛应用于教育领域，使得传统教育的形态在信息技术的影响下发生了巨大的变化。可以预见，未来这种变化还将进一步加剧。需要重点强调的是，尽管信息技术近年来对教育的影响不断加快、加深，但仍未从根本上革新整个传统教育体系。尤其是在公办学校，只要仔细考察就不难发现，从学校的管理模式到教育教学方法，很大程度上还在延续着以往的传统。

综上所述，在信息技术高速发展的背景下，我国必须积极利用信息技术所带来的教育发展机遇，推进信息技术与教育教学相结合，从而改变过去传统的教学方式。换言之，信息技术对教育的核心影响在于改变了传统的教学方式。只有彻底改变高校传统的教学方式，进行一场基于信息技术的课堂教学方式的根本性变革，才能显著提升教育生产力和教育教学质量，而要做到这一点，依然任重道远。

二、翻转课堂的起源和实践发展

（一）翻转课堂的起源

美国科罗拉多州林地公园高中的两位教师首创了翻转课堂的实践形式。随后，可汗学院开始推广翻转课堂，并逐渐将其扩大到全世界的范围。实际上，翻转课堂的理念最早源于西点军校，西尔韦纳斯·塞耶（Silverna Thayer）将军创造了一种独特的教学方法，他事先向学生提供教学资料，要求他们在课前进行自学，课堂时间则用于问题的讨论和小组之间的学习和合作。这种教学方式其实和翻转课堂的基本内容是一致的，并且可以将其视作翻转课堂思想的源头。

1991 年，物理学教授埃里克·马祖尔（Eric Mazur）创立了同伴教学法。他在教授学生基础物理学时发现学生对于基本概念会产生错误性理解，物理的前概念广泛地存在于学生的头脑中，这些前概念源于他们在学习物理课程之前的生活经验，很多与物理概念不一致，所以也被称为错误概念。这些错误概念的存在使得学生听不懂物理课，而传统的讲授方法不能有效地转变学生的错误概念，使其建立起科学概念。因为学生并没有真正弄清楚基本概念，只能通过记忆运算法则来机械地解题，一旦遇到新的问题，学生仍然不能给出正确答案。为此，埃里克·马祖尔开创了同伴教学法。他把学习分为两个步骤：一是知识的传递，这个步骤在课外进行；二是知识的内化，这个步骤在课内进行，通过与同伴合作来实现。同伴最了解同伴的想法，学生知道自己在理解这个概念时的障碍在哪里，清楚地知道在给同伴讲解的过程中要如何解释这个概念。如果一个人真的明白了这个概念，他就一定能讲出来，让别人也了解。同时，马祖尔教授使用定量的研究方法，将同伴教学法和传统的教学方法进行科学的比较，结果表明，同伴教学法大大优于传统教学方法。多年来，该教学法已经广泛应用于世界上许多国家和地区并取得巨大成功。马祖尔教授也因此获得首届全球高等教育最高奖密涅瓦奖。

2000 年，美国的莫琳·拉赫（Maureen Lage）、格伦·普拉特（Glenn Platt）和迈克尔·特雷利亚（Michael Treglia）等几位教授在讲授“经济学入门”课程时采用了一种新的教学形式，让学生在家或者在实验室观看讲解视频，在课堂上以小组形式完成家庭作业。2000 年冬，莫琳·拉赫、格伦·普拉特发表论文《颠倒的课堂：建立一个包容性学习环境的途径》。该论文提到的教学模式已经具备了翻转课堂的基本形式，但是，他们没有提出翻转课堂的相关名词或概念。同样是在 2000 年，韦斯利·贝克（Wesley Baker）发表论文《课堂翻转：使用网络课程管理工具让教师成为身边的指导》，并掀起了翻转课堂运动的浪潮。在该论文中，贝克提出翻转课堂的模型：教师通过网络工具和课程管理系统等线上教学方式，将知识传授给学生，并指定具体的家庭作业。在课堂上，教师可以将节约下来的时间利用起来，与学生更深入地交流和互动。

虽然翻转课堂最初的实践和研究是由美国的一些大学所创，但我国多数相关学者认为翻转课堂的源头在美国科罗拉多州落基山区的林地公园高中。事实上，这里的翻转课堂的发生，并没有多么崇高的动机，出发点是为了给学生补课而录制教学视频。学校的化学教师乔纳森·伯尔曼（Jon Bergmann）和亚伦·萨姆斯（Aaron Sams）在教学工作中发现一个非常普遍而严重的问题，有些学生由于各种原因跟不上教师讲课的节奏，教师讲得太快，学生来不及做笔记，有时学生能将所有的要点都记录到笔记本上，却完全不明白这些内容的意思。许多学生由于太过忙碌而缺课，从而跟不上学习进度。为了尽可能地解决这些问题，2007 年，乔纳森·伯尔曼和亚伦·萨姆斯这两位教师采用录制屏幕的软件制作演示文稿。他们将演示文稿和知识讲解的音频融合在一起，以帮助那些请假的学生补齐课堂进度。一段时间后，越来越多的学生开始学习这些在线教学视频，并且这些授课视频在互联网中传播开来。

两位教师善于应变，逐渐将学习模式转换为学生在家自学视频教程与讲解，从而节约了课堂的授课时间，并将这些时间用于解决学生的学习困难。越来越多的人开始对两位教师的实践感兴趣，以至于越来越多的学校和学者邀请他们讲解这一教学方法，许多教师开始将这一方法用于学生的授课过程中，并在课堂时间让学生进行协作和概念内容的学习。他们因对教学的突出贡献被授予“数学和科学卓越教学总统奖”，林地公园高中也被教育学界所熟知。

2009 年，乔纳森·伯尔曼和亚伦·萨姆斯在总结了他们两年多的翻转课堂教学经验之后，开始实施被他们称为掌握式翻转课堂的教学模式。这种新型教学模式之所以被称为掌握式翻转课堂教学模式，是为了和前两年的传统翻转课堂模式区分开，且这是以掌握学习理论为依据的一种新型教学模式。在后来两人出版的《翻转你的课堂：时刻惠及课堂上的每位学生》一书中，他们认为掌握学习理论的基本理念是让学生根据自己的步调学习，而不是所有的学生在同一时间讨论同一主题，但是他们都为实现预定的目标而学习。

在掌握式翻转课堂中，学生们的学习任务是不同的。在课程开始之前，乔纳森·伯尔曼和亚伦·萨姆斯会提前了解学生的学习状况，以便了解哪些学生是需要开展实验的，哪些学生是需要做测试的，以及哪些学生需要额外的课程讲解，这样做可以保证每个学生都能得到符合自身需求的个性化学习体验。两位教师认为实施掌握式翻转课堂模式时应关注五个要点：①制定明确的学习目标，用教学的专业角度明确和决定学生应该达到的水平和获得的知识；②对学习目标进行细致分析，明确哪些内容应该采用探究式学习的方式，哪些内容应该直接进行讲授；③确定适合学生观看的视频；④明确并制订适合课堂的学习活动计划，设计适用于不同学生和不同学习领域的评估方式。根据乔纳森·伯尔曼和亚伦·萨姆斯的划分，2007—2008 年他们使用的是传统翻转课堂，在这一模式之下，学生应该按照教师的安排观看学习视频，在课堂上教师设置同一问题，学生相互协作，共同探究，而在掌握式翻转课堂模式下，每个学生都可以根据自己的步调自主学习，更加个性化。

（二）翻转课堂的实践发展

1. 美国翻转课堂的发展

翻转课堂这种全新的教学模式在美国科罗拉多州的部分地区逐渐流行，但是尚未在更大范围内推广和发展。其原因是，很多教师虽然认可翻转课堂，愿意参与这种形式的教学试验，而要真正实施这种教学模式需要满足一个重要条件，即制作教学视频，但并非每一位教师都能制作出具有较高质量的教学视频。美国可汗学院的出现与快速发展，使这个问题得到较好的解决，并推动了翻转课堂向前发展。

可汗学院的出现极具偶然性。正当美国在按部就班地对教学模式进行着严谨科学的论证和实践创新的时候，一名“业余教师”在辅导表妹数学功课时，无意间掀起了一场轰动世界的翻转课堂革命。

这位“业余教师”名叫萨尔曼·可汗（Salman Khan），其于 1976 年 10 月 11 日出生在美国新奥尔良市，父亲是孟加拉裔，母亲来自印度。在可汗很小的时候，父母就离了婚。他 13 岁那年，父亲因病去世，母亲从此成了他唯一的亲人。可汗从小就聪明好学，在中学毕业时曾作为学生代表上台致辞。后来，他进入麻省理工学院，一口气拿下了数学学士学位、电子工程与计算机科学学士学位及硕士学位。此后，他又在哈佛商学院拿到了工商管理学硕士学位。2004 年的一天，正在波士顿的沃尔基金管理公司做对冲基金高级分析师的可汗接到了正在上七年级的表妹纳迪亚的电话，希望他帮助解决数学难题。可汗在和表妹通电话时，利用了雅虎通聊天软件、互动写字板等工具。为了让表妹听明白，他尽量说得浅显易懂。然后，他会编写代码，出一些练习题，让纳迪亚在网上练习，以检查她的学习效果。在可汗的帮助下，纳迪亚的数学突飞猛进。很快，其他亲戚朋友也上门讨教，一时间，可汗忙不过来了。雅虎通无法让很多学习者同时观看，为此，他决定将自己的数学辅导材料剪辑成视频，上传至视频网站分享给更多需要学习的人。他将视频的长度维持在10分钟之内，以确保观众有足够的耐心来掌握、消化内容。这些视频在网络上获得了巨大的欢迎。可汗的第一段视频是在2006年11月16日被上传到视频网站的，接下来便一发不可收拾。许多网民的鼓励使得萨尔曼·可汗大为感动，尤其是一些身处落后地区的网民，他们由于经济以及其他原因，不能到正规学校上学，在学习了萨尔曼·可汗的课程后，其学习的热情被激发了出来，因此给他写了许多感谢与鼓励的话语。

2007年，可汗把教学视频和互动练习软件加以整合，在此基础上创立了一个非营利的教学网站，在上传的教学视频中讲解许多学科的内容和网民提出的各种问题，并提供在线练习、自我评估、学习进度自动跟踪等学习工具。2009年，受到广泛好评和鼓舞的可汗经过一段时间的思考后，认为网络教学大有前途，不但可以帮助人们进一步提高学习积极性，而且还可以帮助经济不富裕的网民得到免费教育，所以毅然辞掉对冲基金高级分析师的工作，在自己家的小房间里，开始全职发展自己的网络教学频道，全身心投入这一教学频道的运行与维护中，并把专门开展在线教育的这个非营利教学网站正式命名为可汗学院。

可汗学院公开课包含的教学资源十分丰富，涉及数学、物理、化学、历史、经济、金融、计算机等学科知识，授课教师都是相关领域的顶级专家学者，这些免费的公开课视频的推出成为推动翻转课堂发展的因素之一。

可汗学院的视频资源起初只在科罗拉多州的学校和师生中得到了广泛应用和高度认可，此后逐渐在美国甚至全球普及开来。可汗学院的视频资源的另一个优点是，对于不同地区的不同教师来说，其运用并理解信息技术的能力存在一定的差异，一般教学视频的录制不仅需要全面而深入的课程讲解，还需要准确的技术支持，对于不能兼顾这二者的教师来说，直接在课程中运用可汗学院的视频资源可以有效地降低翻转课堂的门槛，节约教师的精力。因此，可汗学院公开课的形式值得教育工作者推广并应用，这种教学形式也获得了许多国家和地区师生的认可。

可汗学院的兴起使美国很多学校纷纷根据自己经验和实际情况对翻转课堂进行尝试和探索，从而掀起翻转课堂研究、实践与应用的热潮。他们研究翻转课堂的内涵和特征，探索翻转课堂的教学模式。美国经过多年的翻转课堂实践探索，有了许多成功的案例，如明尼苏达州斯蒂尔沃特市石桥小学、克林顿戴尔高中、马里兰州波托马克市的布里斯学校、密歇根州大急流城高中、得克萨斯州达拉斯地区的学校、加州河畔联合学区等学校的翻转课堂模式，影响了全球的翻转课堂实践。

这些翻转课堂探索和实践表现出以下特征。

①将学习环境的建设作为学校教学工作的重点内容。随着科学技术的发展和信息化水平的提高，教育与信息技术的融合逐渐成为学校环境建设的主流发展方向。在美国的一些小学，平板电脑、智能手机等先进设备都被用于课堂学习的过程中，教室环境也不再由传统的课桌构成，而是以计算机、大圆桌等形式为主。

②积极推广翻转课堂，在全校范围内普及。以美国克林顿戴尔高中为例，在经过两年的初始翻转课堂试验并取得积极成果之后，该高中果断开始在全校范围内推广该教学模式，将这所在当地教学声誉最差的学校之一转变为一所优秀的学校，提升了学生的学习效果和考核成绩。

③一些学校抓住了翻转课堂的核心环节，强调信息技术在写作教学中的应用，不把主要精力集中在视频制作上，而强调教师在课堂上如何支配增加的自由时间，这对语言类课程教学具有非常重要的启发意义。

④一些学校的翻转课堂非常重视网络学习平台的使用和学生学习信息的跟踪分析利用。

⑤视频不是翻转课堂的唯一工具和资源，一些学校采用基于平板电脑的数字化互动教材实施翻转课堂。

2. 我国翻转课堂的发展

在我国学校教育中，翻转课堂的实施必然受到我国现有教育文化和教育体制的制约，如应试教育评价与翻转课堂评价的冲突，制约了学生批判性思维和独立思考能力的培养，大班教学影响了翻转课堂互动教学等。但这并不意味着面对挑战，翻转课堂只能被动地接受现实，相反，翻转课堂的选择是超越和变革学校教育的现实。

2011 年，我国重庆市聚奎中学第一个引进和实践翻转课堂。2013 年 9 月，山东省昌乐第一中学在高一、初一分别随机选取 2 个实验班，在这 2 个班实施所有学科的翻转课堂实验教学，并逐步过渡到全校全学科。在此之前，我国中小学就进行了大量的类似翻转课堂的教学改革实践和研究，为翻转课堂的引进和实施奠定了良好的基础。可以根据其依托的信息技术以及翻转本身所具有的意义，将我国翻转课堂模式的探索和发展历程分为三个发展阶段，而对其在不同阶段的规律进行总结和分析，不仅有助于充分把握翻转课堂的内涵与意义，还能够指导我国的教育改革。

（1）“前翻转”阶段

第一，“先学后教、当堂训练”模式。以江苏省洋思中学的“先学后教、当堂训练”模式为例，江苏省泰兴市洋思中学本是一所地处偏僻的村联办初级中学，它在 1980 年创办之初，教学设备全无，课桌全是借的。就是在这种情况下，洋思中学成功创立了全新的教学模式，创造了一流的教学业绩。如今的洋思中学已经闻名全国。自 1990 年以来，洋思中学的入学率、巩固率、毕业率、及格率均较高，居泰兴市之首，洋思中学因此被授予“江苏省先进集体”“江苏省德育先进学校”“江苏省模范学校”等光荣称号，来自全国各地的到该校学习、取经的教育工作者近百万人。洋思中学的成功主要源于它所独创的“先学后教、当堂训练”的教学模式。

在洋思中学，“先学”是指学生在课堂开始之前按照教师的要求进行自学的步骤，开展自我实践、自我探究和自主学习；“后教”意味着学生在掌握了基本的知识内容后，与教师共同研究在学习过程中遇到的问题，达到掌握知识的目的。因此，“先学后教”的“教”字表示的意思不是由教师教，而是由教师对学生做的习题作出评判，学生个别不会做的由教师指导。“当堂训练”指的是，教师当堂布置作业，学生当堂完成，教师在课堂上进行检查，不布置课后的作业，通过“先学”和“后教”这两个环节，然后让学生使用相应的方法来解决，以此来加深他们对课堂重点知识的深入理解。在语文课上，学生自读课文，自己分析课文；在数学课上，学生自学例题，自己做练习题；理化课变成了游戏课，学生一边看书，一边做实验，不需要教师讲解和演示。教师每堂课的讲授时间不超过 4 分钟。

洋思中学的经验可以被概括为两点：一是强调学生自学；二是强调互学和训练。在传统教学模式下，教师在课堂中占据绝对的主体地位，不论是教学内容还是教学方式，都是严格按照教学大纲的要求进行的，甚至出现照本宣科的现象。此外，传统教学模式是“教师授课 + 学生被动听课 + 课后作业”，学生没有足够的自主权和选择权，也缺乏有效的课堂互动和师生沟通，这种模式无法满足学生个体的需求。在实际的教学过程中，学生完全能够通过自学掌握大部分知识，但是，在教师授课和被动听课模式下的学生，往往丧失了开动脑筋和自主探索的能力，授课模式也妨碍了其他教学形式的开展。从洋思中学的成功经验中可以看出，学生通过自学可以完成大部分习题训练，对于不会的练习题，通过学生之间或师生之间的互相讨论也能够基本完成，这无疑有助于培养学生的自主学习能力。

第二，“自学—展示”模式。以山西省新绛中学的“自学—展示”模式为例，新绛中学校是山西省首批重点中学，是一所具有光荣传统和辉煌业绩的百年名校，创办于 1902 年，历史悠久。在长期的办学实践中，它以“教风严谨、学风刻苦、成绩卓越、特色鲜明”而誉满三晋，为祖国培养了数以万计的优秀人才，树立了良好的社会形象，获得了“山西省示范高中”“山西省文明学校”“山西省特色中学”“山西省传统体育项目学校”“全国群众体育先进集体”等一系列荣誉称号。但在 2004 年以后，学校一度遭遇办学危机，周边一批民办学校兴起，条件较好的学生们倾向于前往市区和私立学校学习，生源也出现了质量问题，一些教师也选择了离职，去私立学校发展。在这种情况下，山西省新绛中学校必须进行改革。从 2005 年开始，山西省新绛中学校尝试课堂教学改革。2008 年，随着山西省正式开始高中新一轮基础教育课程改革，山西省新绛中学校启动了大规模的教学改革，并逐步形成了独具特色的教学模式。

要克服传统课堂的弊端，就要对课堂结构进行变革。山西省新绛中学校的“自学—展示”模式的课堂改革思路可以被概括为“半天授课制”，其含义是半天上展示课，半天上自主课，即每天上午的五节课为展示课，下午三节课和晚上的三节课为自主课；每天下午和晚上的自主课学习知识，第二天上午的展示课内化知识、拓展能力。这与翻转课堂极为相似。

在自主课堂上，教师设计学案，学生在学案指导下，读书思考、查资料，完成学案，写学习报告。这个报告又叫任务报告，是为第二天展示课做准备的。在展示之前，学习报告要经过教师验收。除此之外，学生还要填写互动卡。学生在互动卡上主要可以写自己什么还不会、存在什么困难，还需要什么帮助，还想知道什么等内容，可以由学生个人填写，也可以以小组为单位填写。在自主课堂上，教师的主要任务是巡视课堂、发现问题、个别指导，但不讲课。下课时教师收回互动卡，并通过阅读互动卡来了解学生的学习情况，调整教学设计和教学策略。因此，评价自主课的主要依据是互动卡的填写质量和学习报告的完成情况。概括来说，自主课的基本原理是教师通过学案指导学生自主学习。学生自学成果被凝结在学习报告中，同时，学生可以通过阅读互动卡反馈学习存在的问题。教师通过验收学习报告和阅读互动卡监测学生学习的效果。

第三，“问题导向”自主学习模式。以江苏省木渎高级中学的自主学习模式为例，20 世纪 80 年代，江苏省木渎高级中学开创了一种名为“问题导向”的自主学习教学改革方式。这个模式要求教师在备课时不仅要设计好本节课的教学内容，还要考虑到下一节课学生应开展怎样的自学活动。这样做可以让学生提前了解预习任务，这种模式实际上达到了翻转课堂的效果。在下一节课开始之前，教师应掌握学生预习的情况，这有利于教师能够因材施教并可以准备更加深入的问题或案例来扩展教学的深度。教师在授课过程中需要监控学生的学习进度，以确保高效利用时间。这种模式的要求是，学生在事先预习的基础上，学会运用结构化的思维方式来自主解决课堂中的核心问题，从而逐步培养出探究精神和实际的问题解决能力。在教学过程中，教师可以根据学生的自主学习情况，分成小组讨论并交流学习的成果。这不仅能够让学生感受到成就感，还能够促进学生之间的相互启发和知识交流。为了提高学生的分析和解决问题能力，教师应该倾听学生的发言，把握他们思考的主线，并采用创新的方法指导他们①。

以上这些模式并不是真正意义上的翻转课堂，二者的主要区别在于是否充分依托信息技术对教学形式和教学资源进行支持。上述这些课堂模式仍然以纸质版的书本、练习册等材料为主，而翻转课堂是通过网络学习平台和微视频的方式进行自主学习，因此，这一阶段被称为“前翻转”阶段，但相比早期工业时代的教学模式，这一阶段仍然取得了一些具有重要意义的成果。

在“前翻转”阶段，教育者已经开始意识到学生主体地位的重要性，并开始注重培养学生的综合素质和创新能力，因此，通过导学过程，学生可以自主预习并根据教学目标掌握重点知识，而教师在课堂上可以减少授课时间而增加学生对于重点习题的训练时间。但是总体来说，这种方式与翻转课堂是存在着差别的，尤其是没能发挥教学视频等的辅助作用，学生学习知识的途径仍然比较单一，将知识进行内化的过程仍然存在诸多困难，并且若长期如此，会将教学过程局限在做题训练和追求考试成绩上，不能提高学生内化知识的能力、创新思维意识。

在全球教育改革的大浪潮中，融合信息技术与课程内容已经成为我国教育改革的重要主题。在我国提出信息技术与课程整合的理念后，各地都在积极地开展探索和实验。最初，信息技术与课程教学整合实验的目标是让学生掌握信息技术，以培养学生的信息技能和信息素养，或仅仅把信息技术作为辅助教师教学的演示

① 王艳芳．翻转课堂与英语教学探究[M]．北京：北京工业大学出版社，2019．

工具，后来发展为以促进教学方式发生根本性变革为目标，提高学生的创新和实践能力，并将信息技术的内容应用于教学的多个领域。

信息技术与课程教学整合的教学实现了从以教师为中心向以学生为中心的教育理念的转变，从灌输式教学方式向探究式学习方式的转变，教师由知识传授者变为学生学习的促进者，学生由被动学习者变为主动学习者。这种教学吸引了大批的年轻教师或喜欢接受新事物、新技术的中年教师参与课题研究和尝试。

（2）“初级翻转”阶段

“初级翻转”阶段较“前翻转”阶段的主要变化在于，教师可以依托简单的网络平台提前发布教学视频，学生可以通过观看视频提前了解学习目标并将学习重点内化为自身知识结构的一部分，从而突破了传统课堂教学方式的时间和空间限制。

在“初级翻转”阶段，教师可以进行在线辅导和答疑，学生可以通过这种“作业＋辅导”的方式有效地克服学习困难。这种模式既有优势也有不足。相较于传统的教学材料和教学方式，该模式可以将教学材料转变成更加直观、有趣和动态的内容，并有效地拓展了课堂的时间和空间，学生可以根据自身的学习特点进行自主选择，有针对性地对疑点与难点进行反复观看、揣摩，加深对知识的理解，培养自主学习能力。此外，由于这种模式的课堂一部分可以被转移至课下，学生能够拥有更加放松的学习环境，不需要始终保持高度集中的状态以防遗漏一些课程重点内容，学生可以自主安排时间和进程，反复观看教学内容中复杂或遗漏的知识点，并拥有充足的时间停下来理解并内化课程内容，同时这种教学模式为师生提供了简单的交流平台，学生之间或师生之间可以互相沟通，有助于解决学生的困难并帮助教师掌握学生存在的问题。因此，这种教学模式最终将有利于培养学生自主探究和自主学习的能力。这种教学模式的不足是，“初级翻转”模式的关注点仍然是授课视频的制作，对于教育理念和模式等深层次的探讨比较欠缺，教学活动形式也不够丰富。因此，学生的主要目标仍然停留在教学初级阶段的完成作业和掌握课堂内容上。

（3）“全面翻转”阶段

“全面翻转”阶段的特征可以用“课前观看视频＋课堂师生研讨”来描述，是我国翻转课堂的发展方向。“全面翻转”阶段的教学模式以科学合理地设计教学活动为关注点，教师将各种形式的学习资料上传至平台供学生自主学习，但是，课前自主学习并不意味着课堂学习强度或质量的下降，相反，课堂学习需要更高层次的总结和投入，一般通过项目学习或探究学习的方式进行，既包括学生个体的自主发现问题和解决问题，也包括小组协作互助式的学习，因而与“初级翻转”存在明显的不同。

总的来说，“全面翻转”是比“初级翻转”更进一步的翻转过程，涉及教学理念、教学模式、课堂主体角色等多方面的内容。教师通过学习平台提前上传课程资料，并布置一些课前学习任务，根据学生的完成情况提前了解学生在学习中遇到的问题，并调整自身的教学策略。同时，学生提前自主学习还可以有效地节约课堂讲授时间，为其他教学形式创造条件。这种学习方式使得学生加深了对知识的理解，逐渐培养探究分析、自主学习、创新思维等方面的能力，个体的学习需求被充分满足，个体的学习特长得以充分发挥，教师在此过程中充当指导者和评价者的角色，从而使教学活动更加灵活、生动、丰富。

从“初级翻转”到“全面翻转”本质的变化是，前者以应试教育为背景，以提高考试成绩为目标，以更长时间的课堂训练为手段；后者则以素质教育为背景，以促进学生的创新型智慧发展为目标，以探究协作学习为手段。

第二节　翻转课堂的概念和本质

自翻转课堂诞生以来，学界对于翻转课堂的概念并没有达成共识。在教育领域，翻转课堂被视为一种混合式学习模式，翻转课堂更加符合学生的学习规律，是“先学后教”的一种形式。但无论是混合式学习，还是“先学后教”，都不能涵盖翻转课堂的本质。这种教育形式实际上是在信息时代背景下对人才培养和发展提出的标准和内容，旨在改变传统课堂教育的具体内容，从而实现学生创新智慧发展。

一、翻转课堂的概念

（一）翻转课堂的定义

翻转课堂这一专业词汇是由英语词汇 Flipped Classroom 或 Inverted Classroom 翻译而来的。类似的词汇还包括颠倒课堂、反转课堂、翻转教学、翻转学习等，它们的含义类似，都是指一种通过将课堂内外的学习环境互换来提高学生学习效果的教学模式。随着研究者和实践者对翻转课堂内涵的认识逐渐深入，翻转课堂的定义正在不断变化和完善。

对翻转课堂内涵的描述和界定主要着重于翻转的形式，这说明我国翻转课堂的研究和实践主要还是聚焦于形式上的翻转课堂，对翻转课堂的本质有待深入研究。从操作层面看，翻转课堂主要通过四个联通来实现，因此翻转课堂在实施层面是联通教育。

第一个联通之处是指将课堂内外连接起来。这是对传统教育时间和空间进行的重新构造和改变。学生在课堂内外面对的环境和状态截然不同。在课外学习，时间和地点都不是固定的，较为适合不同水平的学生进行自主学习；课堂教学的时间和空间是相对固定的，有利于开展水平一致的学习计划。在翻转课堂中，“教”与“学”的时间和空间都产生了较大的变化。教师将授课时间交由学生掌控，事先自行评估后可自由调整课程进度，以适应不同学生的学习水平。教师可以在课堂中酌情减少传授知识的时间，为学生提供更多交流与探讨的时间。把原本在课堂上讲授的内容移出课堂时间，可以让学生在课堂时间进行班级小组之间的学习。

第二个联通之处是指个性化学习以及学生和教师之间的联系。个性化学习是数字化学习的关键，这意味着教师的角色从知识的垄断者转变为学生学习的导师和管理者。翻转课堂的核心在于学生是学习的中心，他们需要在实际的活动中通过完成相关的任务来完善知识的架构。事实上，教师依然是促进学生学习的推动者和主导者，教师的实际作用并没有发生改变。第一，学生自主观看视频学习能够主导自己学习的方式，但是学生自学的视频是由教师选择的，教师设计的问题也需要学生在课余时间内及时解决。第二，尽管学生负责发现和解决问题，但课堂讨论阶段的具体环节和活动的节奏都是由教师来把控的。

第三个联通之处是将线上学习和线下学习相互连接。未来的教育和教学将会通过线上和线下相结合的方式推动教育领域的发展，为教育领域注入新动力。为了提升教育的实际效果，未来的教育模式将变得越来越多元化。其中，线上和线下教学结合的教育模式，将会是最有成效的一种，学生可以在线上寻求普遍性问题的解决方案，然后在线下寻求解决方案以满足个性化需求。互联网教育的核心是传播并分享优质的学习资源。专业机构应当为翻转课堂提供大部分的授课视频，这些视频可以是免费的，也可以采取收费的方式。对于一些校本课程等专业机构没有视频资源的课程，教师需要自行制作。

第四个联通之处是将知识与智慧融合在一起。尽管知识的积累可以提高一个人的智力，但并不意味着他们一定会拥有智慧。翻转课堂提供了一种新的学习方式，让学生既能获得知识，又能发展智慧。

（二）翻转课堂的创新观点

1. 翻转课堂是教学流程的创新

我们通常所说的教学流程翻转又可称为教学流程再造。在许多年前，人们在进行教育活动的过程中就开始采用教育技术。举个例子，早在20世纪50年代，广播电视教育成为当时人们尝试的主要教育技术。为什么过去的教育实践探索并没有很大程度地改变传统的教学模式，而翻转课堂则受到了教育界的广泛关注呢？这可以归结为两个方面的原因：一是当时电视技术尚未发展到一个成熟的阶段，无论是电视设备还是教材，价格较高，普及率较低。传统的课堂教学模式具有成本低、效率高的优点。因此，传统教学形式无法被新的媒体技术取代。二是如今信息技术水平更为成熟，成本也得到了控制，一些热心的教育技术专家对课程进行了整合与分析，从而改变了传统的灌输式教学模式。但是由于传统教学流程是固定的，无法为信息技术应用和协作探究活动提供完善的实践条件。因此，大规模的教学改革实验没有达到预期效果。

多年来，传统课堂教学一直是教学的主流，经过多次改革与调整，教学的焦点依旧集中于如何提高教师的讲授效果。截至目前，基本的教学模式一直保持不变，即教师在课堂上用浅显易懂的方式向学生传授新知识，而学生在课后通过完成作业来加强巩固。这种方法的主要优点在于它能高效地传递知识，但主要的缺点在于它缺乏同步性和灵活性，忽略了不同学生接受能力是存在差异的。与传统课堂不同，翻转课堂的教学流程是先在课前完成知识传授，然后在课堂上开展交流和研究，并进行学生与老师、学生与学生的交流活动。学生可以通过观看线上的教学视频来掌握新知识，在课前不需要教师的讲授，从而节约课堂的时间和空间，学生能够在课堂上对知识进行内化。这种做法的益处有两个：第一，学生可以通过观看视频自主学习，拥有更多的学习主动性；第二，这样的模式能够实现孔子所倡导的“因材施教”教育理想。此外，还可以提升学习目标的可行性，帮助学生更好地探索并实践和创造知识。教育学者布鲁姆（Bloom）提出的学习目标分类包括记忆、理解、应用、分析、评价和创造，这一分类方式与传统教学方法不同。翻转课堂则将学习难度较小、选择度高的内容安排在课前自学时间，让学生可根据自身特点和学习进度自行开展学习活动；而需要同伴互助和教师指导的学习环节（即应用、分析、评价和创造）则在课堂上完成，既让学生可以根据自身能力和兴趣参与有益的学习活动，又能在同伴和教师的帮助下不断进步。这样一来，不同的学习任务得到了合理分配和优化安排，还让学生提高了学习的效率。根据混合学习理论，一些较为基础性的知识应该在课前就掌握好了，而一些复杂的知识则宜在课堂上建构学习。因此，翻转课堂也被大众视为将接受学习理论与建构主义学习理论相结合的一项应用。

2. 翻转课堂是教育理念的创新

翻转课堂将以“教”为中心的教育理念转变为以“学”为中心的教育理念。翻转课堂被看作以学生为中心的学习模式。长期以来，课堂教学都是以教师为主导，教学形式就是教师站在讲台上为学生进行知识的讲解，尽管教师讲授的内容非常出色，但总有一些学生无法真正融入课堂的氛围中。翻转课堂让教师下台，让学生上台，课堂变成学生的学习中心。

3. 翻转课堂是师生角色的创新

翻转课堂最大的创新是师生角色的创新。翻转课堂的核心在于通过翻转信息传授、信息消化与吸收这两个过程，使得教师从知识传授者转变为学生学习的引导者和支持者，同时也使得学生从过去的被动接受知识转变为主动接受知识。

4. 翻转课堂是教学结构的创新

翻转课堂并没有翻转教学流程，依然遵守从学习知识到内化的时间顺序。翻转课堂翻转的是教学结构，即从学习知识在课堂、内化知识在课外的结构转化为学习知识在课外、内化知识在课堂的结构。

5. 翻转课堂是学习环境与学习活动关系的创新

按照学习过程是否需要交流协作或独立思考，可以将学习分为独学和群学。独学，以独立思考为特征，如知识传授；群学，以协作交流为特征，如知识内化。学习环境也有两类：私环境和公环境。私环境，如家里，安静、干扰少，适合独立思考，适宜独学；公环境，如教室、公共场所，适合交流分享、协作探究，适宜群学。翻转课堂将在课堂学习知识、在家完成作业的方式转变为在家观看视频学习知识、在课堂讨论学习，实现了学习方式与学习环境的完美匹配，即适宜群学的学习内容和与适宜群学的环境相互匹配，适宜独学的学习内容与适宜独学的学习环境达到高度统一。翻转课堂的最大潜力和最大特色可以认为是实现学习活动与学习环境的完美结合与匹配。

6. 翻转课堂是育人本质和育人目标的创新

不管是重新设计教学流程，还是改变传统的教育观念，不管是教学角色转变还是教学方式颠覆，都是为了跟上信息化时代的教育改革需要，从而调整育人目标并相应地改善教学环境和方式。

二、翻转课堂的本质

翻转课堂在本质上是基于“互联网+”的智慧教育。智慧教育是以智慧发展为取向的教育形态。

智能教育是一个技术层面的概念。研究智慧教育的学者主要探索云计算和大数据等技术如何与教育教学领域相结合。他们一般认为智慧教育是通过现代信息技术（如物联网、云计算和无线通信等）构建的智能化、感知化、泛在化、物联化的教育信息生态系统。它是数字教育的高级发展阶段，旨在深度融合信息技术和教育主流业务，实现多个领域的深度融合。

智慧教育是一个教育学领域的概念。就教育学而言，古代圣人的著作（如《道德经》）是人们智慧的结晶，可以作为智慧教育的重要教材，对人们具有重要的启迪作用。古希腊的哲学家和教育家所重视的不是传授简单的知识，而是通过启发思考和增进智慧来达到教育的目的。

智能教育是“互联网+”时代背景下产生的一种教育模式。随着信息技术的不断发展，智慧教育以智慧发展为目标，实现了更快发展。在这种教育模式中，智慧能力的提升是以信息技术为支撑的。

翻转课堂之所以被视为智慧教育的体现，原因在于以下两点。

第一，翻转课堂在本质上追求创新和智慧教育。从我国古代和西方苏格拉底的教学方法中都可以看出，培养人的智慧一直是教育的核心目标。在大工业时代，工厂对于拥有专业知识和技能的工人需求量大增，教育的主要目的由此才变为学习知识。随着互联网技术的不断普及和应用，社会已经步入了信息时代。获取、筛选、处理、应用和创新知识的能力和智慧对当前这个社会来说是十分重要的。翻转课堂的主要目的是通过掌握知识来促进知识创新与发展，从而提高人的智慧。它的主要目的是提升学生解决问题和应对危机的能力，同时也鼓励他们对人生进行思考。同时，它也能够让学生做出对他人、社会、自然界关系的历史性和未来性可能性的判断和选择。

第二，“翻转”的过程是学生智慧发展的过程。学生的智慧是随着学习的不断深入而积累的，而这一过程主要受到环境对智慧的影响，而非先天因素。智慧教育被视为信息时代教育的新目标，但想要真正实现智慧教育的目标并不简单。智慧教育的实现需要创造良好的学习和社会环境，并采用高效的教学方法。智慧与知识并不相同，因此人们无法仅凭知识的积累来提升智慧。人们通过自我成长来探究世界万物和人生背后的意义，从而获得智慧。要完成这个过程，需要不断整合和创新应用知识。

翻转课堂通过打破传统教学的时空限制，使学生学习能够在最合适的时间内进行。同时，它将传授知识与探究学习巧妙融合，彼此优势互补，因此有望帮助我们解决传统课堂教学的两个较为困扰的问题：一个问题是忽略了学生学习水平之间存在的差异，另一个问题是我们不够重视对创新能力的培养。学习碎片化的知识并将其整合和创新也是产生智慧的一个方法，虽然与翻转课堂的方法不同，但共同点在于整合和创新。因此，翻转课堂不仅能够促进知识的积累，而且还能够培养学生的知识水平和创新能力。

翻转课堂是手段，更是价值；是技术，更是哲学。从价值层面看，它是智慧课堂，是以联通为手段、以发展智慧为目的的智慧教育。明确翻转课堂的价值有助于提升翻转课堂的水平和质量，促进智慧教育的推广。

第三节　翻转课堂教学的优缺点

一、翻转课堂教学的优点

翻转课堂教学模式使传统的教学方式得到了改变。现在的教师在课堂上采用了不同的教学方式，不再是单纯地站教室前面讲解一节课程，而是更加注重互动和合作。这种彻底的变革促使我们重新定位教师和学生之间的关系。翻转课堂教学模式的优点可以分为以下三个方面。

（一）教师方面

1.增进师生交流

加强师生间的沟通频率，有助于教师更全面地了解学生的情况。随着网络技术水平的不断提升，翻转课堂得到了快速发展。翻转课堂能使学生利用网络媒介在课前、课中、课后三个阶段与教师进行交流，也能帮助教师了解学生的学习效果。

2.有利于教师的职业发展

教师可以通过学习借鉴其他教师的教学视频来提高自身的教学能力。通过网络提供的开放式窗口，教师有机会参与到其他教师的课堂中。

3. 改变了教师在课堂中的角色

在传统的教学过程中，教师被视为坐在讲台上的权威人物。在翻转课堂教学模式中，教师成为学生学习的引导者，将更多的时间用于辅导学生、指导小组讨论、协助那些遇到困难的学生解决问题。此刻，教师充当了一名“引路人”，带领学生踏上学术之路。教师可以更多地提供支持和指导，帮助学生认识自己所取得的进步并排除困惑。

（二）教学方面

1. 翻转课堂彰显了学生的主体性原则

在教育中，最重要的是人的发展问题。在现实社会中，学生是一个拥有独立人格的个体。人的存在方式就是活动，因此活动教学论提出了一种生存论的观点，认为学生应该进行主动化的学习，为课堂注入生命的活力。该理论主张通过多种探索方式来掌握社会形成的系统化的知识体系。教学活动是师生共同参与的互动过程，强调“主—客—主”的互动模式。

在传统课堂中，学生通过“坐着听课”的方式获取知识，教师主导着所有的学习内容，学生只是被动地接受教育。只有让学生自己参与学习，才能真正让他们体验到学习的生动性和真实性。在翻转课堂教学模式中，学生可以根据自己的学习进度和理解程度在观看教学视频时自主调整学习方式。通过观看教学视频和参与课堂合作活动，学生能够以不同的方式建构知识。教师通过培养学生的学习主动性，可以促使他们更好地掌握学习内容。

2. 翻转课堂体现了课堂交往性原则

教学应当是师生之间平等的对话和思想交流，而不是教师作为权威人士改变和引导学生的思想。通过这种交流，师生能够共同产生、探索及形成新的思想和意识。只有在这一过程中，学生才能展现出独特的个性，成为真正的个体。

交往是人们在社会发展中自然而然形成的本性。在传统课堂中，学生与教师之间的互动是缺乏平等的。在翻转课堂模式的帮助下，教师转变为学生的实质性指导者，协助学生深度学习和互相交流。教师的角色不在于成为权威，而是引领学生学习。在翻转课堂中，教师会为学生提供实际的帮助。课堂中也有多种类型的活动方式，如协作活动中的小组讨论，可以让学生展示出他们的思维和个人价值。学生通过与教师以及同龄人的交流互动，能够更好地理解所学知识。

3. 翻转课堂体现了公平性原则

公平在此指的是每位学生在课堂上都能够享有平等的待遇和权利，不会因为任何原因而受到不公正的待遇或歧视。在处理事情时，教师要确保不偏袒任何一方。横向公平和纵向公平的相关概念是由美国哈佛大学学者罗尔斯（Rawls）提出的。横向公平是指针对处于同一情况下的人，给予他们同样的待遇；纵向公平是指人们在不同的处境时，给予他们不同的待遇。

通过实行班级授课制，可以确保学生在相同的地点受到一致的教育。然而，由于学生的个人水平和理解水平存在较大的差异，因此每个学生对知识的掌握程度是不同的。另外，教师也因个人特质的不同，在对待每个学生时呈现出差异化。翻转课堂能够为学习困难的学生提供恰当的辅导及支持。

采用翻转课堂教学模式后，教师制作的视频能够帮助学生进行自主学习。学习理解速度较慢的学生可以不断重复视频，直到完全理解为止。在课堂上教师会开展多种不同的活动，确保每个学生都有平等表达自己看法的机会。另外，小组之间的交流也为学生提供了一个学习的机会。

4. 翻转课堂让课堂真正的“对话”成为可能

建构主义认为，学习是通过建立新概念和经验来构建知识的过程。学生需要通过与知识真正接触，并在与教师进行平等对话的过程中将其纳入自己的知识体系；同时，教师要做好倾听和表达的工作，通过倾诉、理解和接纳，双方得以实现精神上的相互理解。要实现师生之间真正的交流，需要建立一种民主、平等、和谐的氛围。只有在和谐的氛围下，师生之间才能建立起良好的互信关系，相互尊重，从而实现相互理解和思想上的契合。如果教师以强制或命令的方式要求学生，在课堂上学生就会被迫服从。长此以往，学生会变得越来越沉默，甚至羞于表达自己的观点。

在翻转课堂中，学生在课前已经结束了对知识的学习，这使得他们在课堂上表现得更加积极，课堂互动也变得更为普遍，教师不再独自站在讲台上，而是与学生共同探讨问题。因此，翻转课堂改变了课堂的形式，学生可以更主动地参与课堂，并与教师更深入地交流。

5. 翻转课堂使知识的深度教学变成现实

在哲学的认识论中，知识被视为一种客观存在，独立于个体成长历程之外，因此学生与知识并未真正产生深度的交互和共鸣。长期以来，我们一直把知识当作纯粹的理论来传授，而实际上，知识只是事物最表层的特征，学生能够记住这些十分确定的知识。知识的内在结构由符号表达、逻辑形式和知识的含义这三个方面构成。知识的核心在于它的意义，而符号是知识的表达方式，逻辑形式则是知识的思维框架。符号所内含的价值系统是知识的真正意义，这三者之间的相互关系非常紧密。传统的知识教学仅限于传达知识符号的意义，而真正有价值的教学应该让学生了解知识背后的逻辑，并引导他们理解知识的内在含义。教师应在教学中将符号表达、逻辑形式和知识的含义三个方面有机地结合起来，以达到深度教学的目的。

（三）家长方面

翻转课堂不仅可以帮助家长了解学生的课程学习情况，还能为家长提供一个直观的数据呈现方式。许多家长可能逐渐遗忘了以前自己学习过的知识。当孩子向家长寻求帮助解决他们所遇到的问题时，家长感到很无助。在家庭的相处过程之中，家长可以和孩子一起观看教学微视频，一起学习，同时也能够提升自己的知识水平。在一定程度上，翻转课堂可以促进家长和孩子之间的情感交流。此外，家长可以随时了解孩子的学习进度，掌握孩子在校的表现等方面的信息。

因此，无论是从教育的哪个层面来看，人们普遍认为翻转课堂教学模式在一定程度上克服了传统教学模式的弊端，有助于促进学生个体的成长。

二、翻转课堂教学的不足

借助信息技术，学习不再受限于时间和地点。在传统教学模式下，学生的学习过程受到时间上的限制，教师只能压缩讲授的内容；在翻转课堂中，教师可以利用网络资源丰富学生的学习素材，特别是结合多种类型的教学视频，让学生可以按照自己的兴趣和水平进行个性化、分层次学习。利用信息技术，学生和教师无论身处何地，都能够及时开展互动，打破了时间和空间上的限制，教师可以利用在线平台及时了解学生的学习进展。此外，翻转课堂也有助于提高师生的信息技术技能和运用现代教育技术的能力。

翻转课堂是一种创新的教学模式，存在一些局限性。首先，它需要一定的硬件和软件支持；其次，长时间观看教学视频可能会对学生的视力产生不利影响；最后，翻转课堂还对学生的自主学习能力、教师的微视频制作能力、课堂活动的设计能力以及师生的信息素养提出了较高的要求。

（一）学科的适用性问题

翻转课堂教学模式最初是在化学学科中得到应用的。乔纳森·伯尔曼和亚伦·萨姆斯最先把翻转课堂教学方法应用到化学学科，并在书中详细介绍了如何将这种方法应用到其他学科中，如外语、数学、科学、语言艺术、人文科学、体育和项目学习课程中。然而，翻转课堂更适用于课堂探究式的教学模式，所以在语言科目的学习中，这一模式的使用受到了一定的限制。

在美国，翻转课堂教学模式广泛应用于具有明确概念界定的科目，如数学、物理、化学和科学等理科。通过观看教学视频，学生可以完成知识性较强的学习。对于实践性科目，学生可以在微视频的讲解下完成对知识的学习和掌握，此外，学生还可以进行实际操作练习来巩固所学内容。为了更好地让学生掌握语言性科目的知识，教师可以结合视频来简明扼要地讲解语言规则，并通过课堂上的互动交流来帮助学生更好地理解和应用这些规则。当学生的语言水平较低时，采用翻转课堂的教学模式可能存在一些限制。

（二）高素质教师的培训问题

随着科技水平的不断进步，学生现在能够更轻松地获得信息，同时课堂教学也呈现出新风貌。许多教师认为如今的学生日益难以教导，这是因为他们有了更高的学习需求。随着社会的进步和学生的变化，教师需要不断完善自身的水平，以适应新时代的教学需求。

要想实施翻转课堂教学模式，学校需要拥有一支高素质的教师队伍。伯格曼和亚伦·萨姆斯说："翻转课堂通过使教师和学生角色颠倒，教师的责任更大了，这种课堂需要的是有责任、有爱心、懂设计的专业教育者。"① 在新的技术时代，教师需要提升自己的学科教学能力。要实行翻转课堂，教师不仅需要具备卓越的教学技巧，还需要拥有出色的信息技术素养和卓越的课堂管理能力。翻转课堂教学模式要求教师具备扎实的专业知识，能够认真分析教学目标，熟练掌握教学资源的制作技巧，使用最新的科技手段制作高质量的教学视频。成功实施翻转课堂教学模式取决于教师对课堂学习活动的组织和安排是否成功。

（三）教学视频方面

教学视频的质量可能并不能够得到保障。有些教师的面授技能可能很好，但

① 伯格曼，萨姆斯．翻转学习：如何更好地实践翻转课堂与慕课教学[M]．王允丽，译．北京：中国青年出版社，2015．

他们制作教学视频的能力可能不够强。在课堂教学中，教师面对一群学生，他所传授的知识是与真实的团体互动产生的结果。然而，在录制教学视频的时候并没有学生在旁听讲，教师独自一人录制课程的内容。教学视频录制的品质和水准会受到多种因素的影响，如环境、设备和教师的状态等。教学视频的质量直接影响学生事先了解课程知识的程度，从而进一步影响学生参与课堂活动和掌握知识的程度。翻转课堂教学模式得以开展的关键因素是教学视频，其质量好坏直接影响学生的学习效果好坏。

（四）学生学习方面

首先，在翻转课堂教学模式中，教学视频是传达知识的手段。所有的学生都有权使用自己的移动设备来学习教学视频。然而有时候，学生不适合使用电子设备观看教学视频。例如，学生在同一时间内不仅观看教学视频，还同时观看音乐会或足球比赛，这将影响学生的学习效果。尽管课堂教学中的干扰因素众多，但教师可以通过形成性评估来监控学生的学习情况。

其次，在观看教学视频时，学生可能会遭遇一些不可预测的情况。有些学生可能没有条件或者出现了意外情况无法观看视频，导致他们未能掌握相关知识，进而不利于教学活动的开展。因此，学生在课堂外准备不足可能会影响课堂内多数活动的开展。

最后，假如学生只能一个人观看教学视频资料，他们可能无法和教师或同学交流。因此，如果教师不在场，学生将无法在课堂上提出那些可以帮助他们理解材料的重要问题。

（五）第二语言学习方面

对于学习第二语言的学生来说，翻转课堂可能不是最合适的教学方法。第二语言学习者在课堂上可能会有一定的沟通困难，因为他们的语言能力还不够强。对于那些刚开始学习的人来说，仅仅掌握课前所需的知识也会带来很多挑战。如果学生未能充分掌握课前知识，那么就会影响他们的思维能力并限制他们在课堂上进行有效的互动和交流，使得课堂交流流于表面。这样的情况下，教师难以了解学生所面临的问题，同时学生之间的小组合作也变得不够深入。即便学生有较高的第二语言学习水平，由于不同文化间的差异较大，仍需更多的附加知识来协助学生进行深度学习。

三、翻转课堂教学应用中的问题

（一）过于关注实施翻转课堂教学的技术层面

目前，翻转课堂教学模式引起了教育技术领域专家的广泛关注，他们正在与高校合作，研究微课的制作。随着翻转课堂教学模式在我国获得广泛关注和认可，各层次的学校都开始实施这一模式，制作微视频，并请教育技术专家提供建议和指导。在翻转课堂的教学模式下，学校需要招募更多的教学专家，以符合我国当前的教学需求。

制作微视频是实施翻转课堂教学模式的第一步。如果人们只是把翻转课堂教学模式和微视频等同起来，那么我们对翻转课堂的理解将会是表面的、肤浅的，无法真正理解其本质。换句话说，翻转课堂教学模式在我国难以深入推广和落实。当我们接触到一种新的教学模式时，我们需要使用理性分析的方法明晰这一模式背后的具体含义，以此来回答我国目前课堂教学存在的问题。我国对翻转课堂教学模式的探究仍然集中在课程和视频的制作层面，而对于该教学模式价值的深入探讨还存在不足。我们需要清楚地认识到当前我国课堂教学面临的困境，并探究翻转课堂教学模式与传统教学模式之间的互补性和相辅相成性，同时也需要明确翻转课堂教学模式给我国课堂教学带来的具体改变和实质性的影响。

我们需要以客观、理智的视角，深入分析翻转课堂教学模式是否适合在我国发展。翻转课堂教学模式的发展需要更多来自高校课程与教学理论领域的专家加入，以提供理论层面的指导。

（二）对学生的个性化跟踪与反馈机制不完善

翻转课堂的教学模式对传统课堂有重要的影响，它更加注重学生的个性化学习，对学生的学习需求给予充分的尊重。我国十分重视翻转课堂教学模式，并注重具体的实施过程。然而，在课后我们未能跟踪学生的学习情况。实施翻转课堂教学模式对于学生的个性化学习作用不太明显，这种教学方式容易变成单纯的形式化教学，学校仅出于实施翻转课堂的目的而行动，没有经过充分的理性思考。当学生在学习中遇到困难时，教师应及时伸出援手，直到学生完全掌握相关知识为止。乔纳森 · 伯尔曼等的翻转课堂模式之所以取得了成功，主要是他们建立了适合本校学生的有效反馈机制。因此，为了达到教学目的，及时了解学生的学习情况并给予恰当的指导是非常重要的。

（三）课程内容缺乏一定的系统性

一定的课程系统性有助于学生有条不紊地学习具体科目，更好地掌握知识。在进行系统性的评估时，需要考虑学科知识的体系，从简单到复杂逐步深入，并结合学生的年龄和思维层次，使讲授的知识能够符合学生的特点。目前，我国仅有部分学科的某些章节开展了翻转课堂的教学尝试。尽管学校在众多学科中都采用了翻转课堂的教学模式，但是我们的课程内容系统性有待提高，仅限于部分学科的一些章节。这种呈现方式给学生展示的是零散的、没有连贯性的知识点。

（四）网络学习支撑平台不完善

目前，我国的网络平台存在诸多问题，尚待完善和提升。自 2011 年起，我国政府开始加快推进教育信息化，目前全国的教育信息基础设施已经较为完善。然而，为实现教育信息化的有效推进，我们还需要建立相应的政策和机制，并普及基础设施，形成数字教育资源共享的机制，以充分利用优质的教育资源。尽管我们所面临的挑战依然严峻，但我们将继续努力推动教育信息化进程。

四、对我国实施翻转课堂教学的建议

自从翻转课堂这一教学模式进入我国之后，越来越多的学校采用翻转课堂教学模式。以下是针对实施翻转课堂教学模式的几点建议。

（一）认清我国教育现状

根据我国部分学校应用翻转课堂教学模式的现状，可以发现在一定程度上存在着模仿的问题，盲目追随只会对学校的资源造成浪费。我国并不是翻转课堂模式的发源地，所以我们应该认真思考它给我们带来的启示，了解我国如今课堂教学的现状及其存在的问题，进而探索针对这些问题的解决方案；我们需要审慎对待翻转课堂教学模式，不可以简单地照搬，必须以批判性思维去探究其适用性，避免一味地依赖别人的方法和技术；我们需要将教育学界专家和一线教师的经验总结在一起，通过将技术与课程相结合，我们可以深入了解翻转课堂教学模式背后的理念，并结合我国的课堂教学现状，探索出适合我国国情的课堂教学模式，以推进新课程改革并真正实现学生的个性化发展，提高他们的综合素质。如果我们只是将翻转课堂的教学模式理解为让学生在课前观看微视频，而忽略了深入理解其背后的理念和原则，那我们就会陷入盲目地追求新事物的错误思维模式，这种思维模式显然是缺乏理性的。

（二）改变传统教育理念

教育应该以培养人才为主要目标，注重人的自我成长，将促进个体本身的发展视为核心价值和重点。教师是知识的传播者，引领着学生的学习。如果教师单方向地向学生传递知识，那么学生则缺乏积极主动的参与；如果学生奉行“教师至上”，在课堂上避免表达自己与教师不同的观点，那么将导致学生思维受到限制。在传统教育观念的束缚下，学生只能追求好成绩，无法全面展现自己的个性特点，这样培养出来的学生缺乏创新的精神。在当代社会，国家的发展需要有创新精神、独立思考能力和灵活变通的人才作为支撑。

翻转课堂这一新术语所代表的理念其实并不新颖，其背后的理念一直是教育界追求的学生个性化发展。翻转课堂的核心不仅是改变传统的课堂教学结构，还是改变过去的教学信念和思维方式。只有注重学生个体的成长进程、关心学生独特的需求，才能够满足学生的发展需要。这个观点与我国的新课程改革的理念相契合。我国的新课程改革以学生的个人发展为教育的核心，以培养健全人格为目标。教育部门、学校以及教师需要及时转变过去的教学思想，并确立全新的学生观和教学观，这样才能够彻底转变过去的教育理念，从根本上实现以学生为中心的教育。行为受制于观念，教育行为与教育观念密不可分，教育观念越深刻，教育行为越贴近教育目标。

（三）提升教师专业能力

要成功实施翻转课堂，教师需要亲自制作教学视频并设计课堂教学活动的具体环节，这两个方面都至关重要。我国教师需要在综合素质方面进一步提升。一些年龄较大的教师在制作课件方面遇到了困难，因为他们缺乏电脑技术知识，难以掌握录制视频的技能。除了制作高质量的视频，翻转课堂还需要教师通过及时观察学生的学习状态来指导学生开展学习活动，确保学习的顺利进行。在我国，部分教师对于接受新的事物持消极态度，他们一味坚持以往的课堂教学方法，固守传统的讲台授课、学生被动听的模式。这些传统的教学模式需要学校和教师共同付出努力来改变。学校应为中青年教师提供全面的培训，同时教师应当努力提升专业能力。

（四）转变传统评价方式

评估翻转课堂教学模式的有效性是贯穿整个课堂教学过程的重要任务。传统的笔纸测试无法测试出翻转课堂教学的成效，因为翻转课堂涉及学生多个方面的综合能力。

要想在我国的课堂中成功推广翻转课堂模式，就需要更新传统的评价方式。传统的纸笔测试可以评估学生的学习程度，但无法全面了解学生的非认知方面的表现。在传统考试中，我们一般会使用学生终结性评估的方式，即使学生获得了95分的好成绩，也不能证明学生在非认知方面不存在问题，而教师也会继续教授新的知识，这可能会使学生的疑虑逐渐积攒。现今，我国许多学校都在积极研究微视频制作的技术，但很少有人对教学模式的评价开展研究。我们需要不断努力，结合我国课堂教学的实际情况和翻转课堂教学模式特点，探索出适合我国实践现状的评价方式。

第二章　英语教学概述

自改革开放以来，英语教学在社会、学校、师生的共同努力下取得了巨大的进步，不仅教师的理论知识与教学经验日渐丰富，学生的英语水平也有了明显的提升，一些先进的教学理念、教学模式、教学方法等也被引入我国的英语教学中。但同时，英语教学中的弊端开始显现。因此，我们应该重新审视英语教学的内涵，遵循科学的英语教学原则，合理利用英语教学方法，为英语教学的进一步发展打好基础。

第一节　英语教学的内涵

英语教学是现代教育的一个重要组成部分，是一种综合性的语言教学活动，也是目前学生的一门必修课程，并且这门课程的内容是与国家需求、社会需求以及学生需求密切相关的。

一、英语教学的定义

教学既包括教学，也包括学习。从该定义可以看出，教学中“教”与“学”有着密切的互动关系，既需要教师努力地“教”，也需要学生积极地“学”。

英语教学是一种教育活动。对于教师来说，教学是引导学生学习的教育活动；对于学生来说，教学则是在教师的引导下的学习活动。学生能否得到发展是教学能否实现其目标的关键。教学是一个师生互动的过程，是教师“教”的过程，也是学生学习并在学习过程中全面发展的过程。

对于英语教学的定义，其主要涉及以下几个方面：英语教学是有目的的活动，在不同学段、学年、学期和不同的教材、单元、课文、活动中有着不同的教学目的与教学目标，而教学目标又可分为不同的领域或层次；英语教学需要具体的内容，即英语词汇、语法、语音、写作、阅读等具体知识和技能的传递；英语教学具有一定的系统性和计划性，这种系统的计划主要是由教育行政机构、学校和教师制订的；英语教学需要采用一定的教学方法和教育技术，教学有着深厚的历史积淀，形成了大量有效的方法，随着现代科学技术的进步，尤其是信息技术的快速发展，英语教学迎来了新机遇。这些新兴教学手段为英语教学提供了可借助的工具和资源。也就是说，教师和学生可以利用现代科技的力量，以更有效的方式进行英语教学，提高学习效果和体验。

综上所述，英语教学的定义可概括为，在有计划的、系统性的过程中，教师依据一定的教学内容，按照一定的教学目的，借助一定的英语教学方法和技术，引导学生认识世界，学习和掌握知识与技能，并使其得到全面发展。

二、英语教学的特点

首先，现代社会是一个全球化的社会，不同的国家拥有不同的文化，所以现代英语教学重视学生跨文化交际能力的发展，这是其一大特征；其次，随着现代教育理论的兴盛和发达，以学生为中心的教学观被研究证明为一条黄金教育原则且日益受到推崇，所以现代英语教学的第二大特征就是它强调学生主体性的发挥；最后，由于现代信息技术在英语教学中的广泛应用，现代英语教学也显示出内容生动和过程交互的特征。

（一）重视跨文化交际能力的发展

语言与文化之间有着密切且不可分割的联系，语言承载着文化、体现着文化、传播着文化，没有语言文化就得不到传承；反过来，文化也促进着语言的形成和发展，并且文化是语言的内容，没有文化的支撑语言就是空洞的，对社会也没有明显的意义和价值。世界文化交流方兴未艾，英语作为一门通用语言，有着举足轻重的地位。英语教学是培养英语人才的重要手段，尤为重视学生跨文化交际能力的发展。另外，跨文化交际能力的发展也是素质教育和21世纪人才培养的一大要求。学生在对文化差异的了解和研究中，可以学会从不同角度看待问题和进行思考，从而促进自身综合素质的提高。英语作为一种沟通工具，其教学的终极目标是使学生能够熟练地运用英语沟通。这就要求教师在整个教学过程中意识到英语的工具性特征。教师在满足学生的语言输入的同时，要更多地强调语言的输出，注重学生说、写和译等技能的发展，这是因为语言只有在使用中才能真正被掌握。英语教学既能做到提高学生的英语语言技能，又能实现学生的跨文化交际能力的发展，可谓是一举两得。

（二）教学内容的感染力

传统的英语教材以描述性的文字和补充说明性的图形、图表为主要方式来呈现教学内容，并且学科知识以线性结构进行组织，知识内容的顺序性很强，留给学生自由发挥的余地不足。在现代英语教学中，教学内容不仅局限在纸质的书本上，而是具有多种呈现方式，如超文本、图画、声音和视频动画等方式。超文本方式根据学生的认知特点来组织教学内容，并且学生可以从任何一页开始浏览教学内容，易读性较强。而图画、声音和视频动画等呈现教学内容的方式具有直观性、生动性、形象性，增添了教学内容的感染力。学生可以根据自己的爱好、需求来选择教学内容呈现方式，从而提高学习兴趣。在生动而真实的交际情境中，学生可以更有效地提高自身的语言交际能力。

（三）教学过程的交互性

基于网络的辅助，英语教学的过程变成了人机、师生和学生间互动的过程，并且这种互动过程不受时间和空间的影响。教师和学生都变成了信息的来源，改变了传统教学中单向传递的被动教学模式，进而向主动开放的教学模式不断靠近。教师通过网络展示教学内容、布置作业、批改作业、公布答案、解答疑问，提高了教师反馈的速度，从而使教学效率得以有效提高。这样具有交互性质的教育过程能够显著提高学生的学习兴趣，增强学生的学习动力，进而助力学生进行深度学习。

第二节　英语教学的基本原则

要想有效地实现英语教学目标，英语教师在教学过程中还必须遵循一些基本原则。这些原则既是英语教学规律的体现，也是英语教师对英语教学的理解和体会，还是英语教师处理教材和选择教学方法的依据。只有正确地贯彻英语教学的基本原则，英语教学任务的完成才能得到保障。

一、以学生为中心原则

我国传统的英语教学经常采用以教师为中心的教学模式，教师多选择“三统一”的形式，即统一上课时间、统一上课进度、统一课程考试，这就大大忽视了学生之间存在的差异。学生之间由于各种原因，其性格、思维方式、学习兴趣、能力基础等都会有所不同，且这些差异还会随着时间与地点的变化而变化。为此，当代英语教学倡导以学生为中心的教学理念，这也是当代英语教学与传统英语教学之间存在的最大区别。以学生为中心的教学理念真正尊重了学生学习的主体地位，要求所有的教学和学习活动都围绕学生的实际需求开展。

以学生为中心的理论源于美国教育学家杜威（Dewey）的儿童中心论。杜威认为，儿童有着自由的天性，尊重儿童的天性对他们的发展有重要作用。反映到教学上，尊重学生的天性就是尊重教育的自然规律，这有利于学生学习的进步。① 具体来说，以学生为中心要求教师正视自己在教学中的主导作用，要把自己的“教”建立在学生的“学”之上，一切教学工作都要围绕学生的学习展开。具体来说，坚持以学生为中心原则应做到如下几点。

（一）制定合理的教学方案

在进行任务型教学活动时，教师需要有一个明确的教学方案作为基础。以学生为中心的教学方法要求教师根据学生的学习能力和程度来设定恰当的教学目标、教学任务、教学计划、评定方法等方案。如果教学方案没有可行性，那么也就很难提升教学的效果。

（二）认真备课

教师必须认真备课，才能更好地将自己的知识和实践经验传授给学生。在备课过程中，教师要充分考虑学生的实际情况，不可脱离学生盲目地备课。要想充分了解学生的学习情况，使备课更有针对性，教师可以借助一些手段，如座谈、课堂提问、作业、测试等。此外，教师在设计教学活动时要有一定的灵活性，根据学生的学习水平、接受能力、学习方法、学习风格和学习态度等随时对教学活动进行调整。总之，教师在备课中要善于换位思考、发散思维，从学生的角度出发，想学生之所想，并尽量让绝大多数的学生参与进来，努力让学生成为课堂教学活动的主体。

（三）认真分析教材

教师在分析教材的过程中，要重点理解和把握教学内容，根据学生所处的不同阶段的实际情况与学生的学习能力来调整教学目标和教学任务，根据学生的需要对教材内容和活动进行最优化处理，使教材与学生的经验建立起联系，把教材

---

① 杜威．杜威教育名篇 [M]. 赵祥麟，王承绪，编译．北京：教育科学出版社，2006.

内容变成问题的链接和师生对话的中介，使教材的作用真正发挥出来。

（四）使用合适的教学方法

教师的教学方法也必须坚持以学生为中心的原则。例如，直观的教学方法有助于学生直接感受和理解语言，通过视、听、说加深印象，强化记忆，激发学生参与的兴趣。形象化的教学方法则可以适应学生的直觉思维特征，所以教师要注意选择能激发学生学习兴趣和好奇心的媒体，如幻灯、投影、模型、录音、图片等，使学生能出于自身的需求积极主动地参与课堂学习、自然地感知语言。此外，教师还要合理利用课堂空间设置和模拟各种场景，以激发学生的兴趣，调动学生参与课堂活动的主观能动性。

（五）发挥教师的主导作用

以学生为中心并不意味着排斥教师在课堂教学中的作用。在以学生为中心的教学模式中，教师甚至发挥着比在传统教学中更为重要的作用，也需要付出更为艰辛的劳动。具体来说，在以学生为中心的教学中，教师是教学的主导者，充当着指导者、协调者、顾问等角色，其主要作用在于帮助学生加速学习进程。当学生遇到困难时，教师要及时给予帮助，使学生的困难在第一时间得到解决；当学生面对困难不知所措时，教师要及时引导，使学生找到解决困难的办法；当学生愿意接受学习任务且跃跃欲试时，教师要给予其更多锻炼的机会，激发其学习的兴趣和动机；当学生的学习情绪不高时，教师要及时予以鼓励，提高学生的学习热情；而当学生在学习上取得成绩时，教师要及时向学生提出更高的要求，使学生始终明确学习目标，不断努力。

二、有效性原则

成功实现教学目标的关键在于科学合理的目标设计。为了达成教学目标，教学活动的有效性也至关重要。只有认真编排的活动，才能精准地引导学生朝着目标迈进。英语教学只有遵循这一有效性原则，才能获得更好的效果。在英语教学中，教师要实现有效性原则可采用以下方法。

（一）熟知学生的学习需求

深入了解学生的学习需求，全面了解他们在各方面的成长过程，包括他们的兴趣变化和心理状态的变迁。具体而言，教师要知道学生是如何将所学知识内化的，如何获得技能和发展思维技巧的；要明确学生在社会交往、道德、情感和认知等方面个体变化的幅度，以及它们的发展变化对学生产生的影响；要掌握如何促进学生学习的教学策略等。

（二）制订合理的教学计划

制订合理的教学计划应考虑以下五个方面：第一，要深入理解学习理论、学科材料、课程开发以及如何应用这些知识来实现课程目标。第二，要在教学计划中建立起课程与学生经验之间的有机联系。第三，教学计划应该根据学生的学习风格和个人表现模式来进行充分的调整和适应。第四，教学计划还应关注学生已具备的知识，并积极促进其拓展和深化。第五，应该将教学计划分为短期和长期，以便根据学生的需求和表现情况进行灵活的实施。只有合理地考虑这些方面，才能够制订出更为有效和个性化的教学计划。

（三）精心设计教学活动

语言学习的有效性应建立在学生主动参与语言实践的基础上。设计的教学活动要从学生主体意识的建构出发，注重科学性，使学生通过体验、合作、探究活动得到全面发展。每一项教学活动都需要教师的精心设计，应从学生的实际水平出发，尽可能降低入门难度，坚持循序渐进地提高学生的学习能力。

（四）仔细观察学生的反应

在课堂教学活动中，教师要认真观察学生的反应，做到及时掌握教学情况，了解学生对教学内容的理解程度；通过观察学生的行为反应来及时调节课堂活动，达到较好的教学效果；通过与学生进行目光交流，观察学生的动作、表情等，获得有关课堂教学效果和学生实际水平的各种信息，从而及时调整教学方式或节奏。

（五）鼓励学生开展自我评价

教学评价是获取教学的反馈信息、对教学质量进行有效监控的必要措施。评价范围通常涉及语言的应用能力、基本技能、基础知识，学生的语言潜能、学习策略、学习态度等方面也会被纳入评价考量的范围之内。作为英语课程的关键环节，教学评价系统是实现课程目标的重要支撑。在评价过程中，教师需要构建多元化的评价主体和多样化的评价方法，使学生明确评价的目标，进而激发其自我评价的积极性。教师应提供有关学习调控与评价的信息，指导学生对学习不断地进行自我诊断、自我反馈、自我调整和自我激励，推动学生采用更多元化的学习方式，使其学习能力有所提高。

三、交际性原则

交际性原则符合英语教学的最终目的，是英语教学应遵循的重要原则之一。具体来说，遵循交际性原则的英语教学需要注意以下几个方面的内容。

（一）重视英语交际工具的作用

英语是人类语言交际的重要工具，其通用语言的地位决定了人们对其的需求性。英语教育旨在引领学生对英语语言进行理解，以期他们能够将英语作为交际工具。因此，英语教学需要在交际性原则的指导下进行教学活动。在课堂教学过程中，教师需要重视交际性语言的教授，提高教学和现实交际的联系，切实发挥英语课堂教学的重要性。

除了在英语课堂教学中重视交际性，在学生的学习中也需要体现交际性。教师需要将教学活动和语言的应用活动相结合，从而从整体上提高学生的交际能力。

受我国第二语言学习环境的影响，我国英语学习者缺乏一定的语言交际环境，因此课堂教学成了语言交际的重要途径，师生间、学生间的交际成了主要的语言交际行为。鉴于课堂教学的重要性，教师可以利用相关教育资料，为学生创设不同的语言交际情境，让学生能够感受到英语交际的实用性。在交际性原则培养下的英语学习者，往往对英语学习更有兴趣。

（二）重视语言语境的影响作用

我国的传统英语教学主要将教学重点放在语言知识的讲授方面，对于学生的交际能力培养有所欠缺，使得学生难以在日后的跨语言交际中灵活地使用英语。为了提高学生的交际能力，教师应该重视语言语境的影响作用。具体来说，语境主要包括时间、地点、交际者、交际方式、谈话主体等。

交际语境不同，即使使用相同的语言表达方式也可能出现不同的交际效果。在英语教学中，应强调语言语境的重要性并培养学生语境的适应性与应用的灵活性。例如，教师可以在课堂上创设不同的语言使用情境，让学生分角色扮演语境中出现的人物，并使用英语进行表达。这种练习活动不仅能够加强师生之间的交流，而且还能够加强学生对语言的掌握度。

（三）重视语言教学的生活性

英语教学是为学生的生活服务的，因此教师要重视英语教学的生活性。

教师可以将教学内容和学生所关心的话题进行整合，给学生提供充足的、内容丰富的学习资料。这些教学内容应紧密结合学生的日常生活，从而引发学生内心的共鸣，有力地激发学生主动学习及积极参与的热情，有效提升教学效果。

思辨能力的培养也是为日后的语言交际服务的，这符合英语教学的根本目标，也是学生人文素养提高的必然路径。只有思辨能力强的学生才能在交际中条理清晰地组织语言，推理对方语言，从而促进交际的有序进行。

四、兴趣性原则

兴趣是进行英语学习的重要推动力，在强烈的英语学习兴趣下，学生的语言学习效果会大幅提升，学生能够用积极的态度探索不同的学习领域，在探索过程中又会加大英语学习的兴趣。

英语教学应该重视兴趣性原则的影响范围，充分调动学生的情感因素，激发学生对英语学习的兴趣，从而营造一种积极向上的英语学习氛围。具体来说，兴趣性指导下的英语教学活动可以从以下几个方面着手。

（一）充分了解学生的特点

由于年龄、性格、学习阶段的不同，学生所表现出的特点也不尽相同。教师应对学生的详细特性有深入的了解，并以此为基础，对学生的英语学习兴趣予以充分尊重，同时也能够有效提升学生对英语学习的热情。

在英语教学实践中，除了充分了解学生，教师还应当从学生的心理、生理等特征角度出发，灵活采用各种教学手段，设计多样化的英语教学方案，以确保学生能够感受到英语学习的乐趣。

（二）改变传统的英语教学方式

在传统的英语教学中，教师主要是让学生通过死记硬背的方式学习英语。这种“填鸭式”教学在英语学习的初级阶段有所成效，但是在英语教学的高级阶段收效甚微。

鉴于此，教师应该创设符合学生真实水平的教学内容、教学策略和教学实践，开发学生的英语思维，帮助学生内化和吸收语言知识，从而为学生日后的语言交际打下基础。

（三）对教材进行深度挖掘

教材是教学的指导性文件，在教学中起着举足轻重的作用。英语教师在教学前应该认真、透彻地研究教材，挖掘教材中学生的兴趣点，从而调动学生学习的积极性。

五、真实性原则

真实性原则在英语教学中十分重要，旨在提升教学成绩、质量与效率。在英语教学的过程中，教师应注重分析和掌握教学中各环节的真实目的，明确学生在学习英语时的真实需求，如学生对英语学习的真实兴趣、真实困难以及真实学习动力，同时，教师还应依据对这些因素真实内涵的深入理解，运用语义真实、语境真实和语用真实的教学材料、教学过程、教学策略、教学方法和技巧以及教学技术，有效地进行英语教学。这样能够更好地满足学生的需求，提高英语教学的效果。

在英语教学中要实现真实性原则，需要做到以下几个方面。

（一）把握真实语言运用的目的

理解教学内容和明确教学目标是至关重要的。英语教学的核心目标是塑造学生的综合语言运用能力，这种能力不仅局限于语法技能，还是一种语用技能。语用能力方面的教学目标主要表现在三个方面：语句的语用功能目标、对话语篇的语用功能目标以及短文语篇的语用功能目标。其中，语用功能目标又可分为功能性语用目的和学习性语用目标。

（二）设计语用真实的课堂教学活动

英语课堂教学是通过一系列活动完成的，如呈现、讲解、例释、训练、巩固等，这些课堂教学活动均要与语用能力培养相关。对学生语用能力的培养应贯穿英语教学的全过程，融于语言学习其他各环节的学习和训练之中。例如，在呈现和讲解的过程中，教师不仅要展示和解读教学内容的实际含义，还应展现和讲解教学内容所处的语言环境以及未直接表述的隐含信息。除此之外，在例释环节中，所有的示例语句不仅在语义上需要符合真实性，同时在语境及语用意图上也必须保证其真实性。

在进行深度的学习训练和巩固时，教师除了要使学生扎实地掌握真实语义和语义连贯性，还需要引导学生在适当的语境下充分展示其语用意识，只有这样，才能保证学生的交际能力取得实质性的提升。

（三）编排语用真实的教学检测评估方案

对于教学来说，教学检测评估发挥着重要的反馈作用。通过运用语用真实的教学检测评估，我们可以检查学生在语用能力方面存在的不足，并相应地进行教学调整和改进。特别是在培养学生的语用能力时，这种评估具有直接、快速、有效的作用。教学检测评估题应符合测试原则，同时注重考察学生的运用能力。题目不仅要注重语用真实性，还要具备语义真实性，以避免削弱学生的英语运用能力培养效果。语用真实性将引导学生更加自觉地掌握学习内容的真实语用内涵，从而更有效地提升他们的英语应用能力。

六、循序渐进原则

（一）从听说到读写

通过听说教学，学生可以学到正确的语音，掌握基本的词汇和句型，进而为读写能力的培养奠定基础。另外，英语教学从听开始也符合我国英语教学的实际情况。英语作为一门外语课程，对于多数中国学生来说，都缺少一定的英语语言环境。于是，听就成了他们获取英语知识和纯正的语音语调的唯一途径。也只有具备了一定的听力能力，学生才能听清和听懂别人说的英语，也才能充满信心地用英语与别人交谈，进而使英语教学有效进行。因此，在整个英语教学中，教师要尽量为学生创造一个良好的语言环境，培养学生听的能力，并在此基础上，结合相应的听力内容，循序渐进地培养学生的口语表达能力。听、说、读、写是英语的四项基本技能，是需要全面发展的，但英语教学应先从听、说入手，进而过渡到读、写。

（二）从口语到书面语

口语和书面语是英语的两个基本形式，其中口语是第一性的，书面语是第二性的。从语言发展的历史来看，口语先于书面语。人们从学会劳动的时候起，就开始说话，但文字的出现要比口语晚得多。这就决定了英语学习要从口语开始，再逐渐向书面语过渡。此外，口语中出现的词汇多是日常生活用语，句子结构也相对简单，与书面语相比更容易学习，通过口语的学习，学生可以更快获得与日常生活相关的英语交际能力。

（三）不断循环与深化

在英语教学中，学生掌握一个英语用法是需要进行多次循环的，并且这种循环每一次都是对前一次的深化。例如，在教授名词单复数时，教师在开始阶段应只要求学生知道在英语中名词有单复数形式，然后随着学习的逐渐深入，使学生了解规则名词复数变化的规律，最后再让学生掌握不规则名词的复数形式。另外，教师应该注意在学生已有的语言知识和已经熟悉的语言技能的基础上，讲授新的知识，培养新的技能，在教授新知识的同时必须带领学生复习前面的内容。

七、发展性原则

所谓发展性原则，就是要保证所有学生的智力因素和非智力因素都能得到发展。发展所有学生的智力因素与非智力因素既是教学工作的起点，也是教学工作的终点，还是衡量教学效果的重要标准。

英语教学过程既是学生认知、技能与情感交互发展的过程，又是生命整体的活动过程。因此，学生的发展可以看作一个生命整体的成长，并且这个发展过程既有内在的和谐性，又有外在能力的多样性以及身心发展的统一性。教师要实现英语教学的发展性，需要做到以下三点。

①教师要关注每个学生的成长，以保证所有学生都得到发展。

②充分挖掘课堂存在的智力资源和非智力资源，并合理、有机地实施教学，使之成为促进学生发展的有利资源。

③为学生设计一些对智慧和意志有挑战性的教学情境，以激发他们的探索和实践精神，使教学充满激情和生命气息。

思辨能力属于学生人文素养提升的重要组成部分，对于学生整体素质的发展有着重要的影响。在教学过程中，教师需要遵循发展性原则的要求，使学生的能力与素养得到切实提高。

八、综合性原则

英语教学还应该重视综合性原则，将语音、词汇、语法等知识进行交互教学，从而提高教学的实用性。具体来说，综合性原则指导下的英语教学应该重视以下几个方面的内容。

（一）整句教学与单项训练相结合

由于英语教学是为了提高学生的语言应用能力，因此在教学中教师最好采用整句教学的方式。学生在学习语言表达之后就能直接运用，这有利于学生语感能力的提高。具体来说，整句教学的顺序是教师先教授简单句子，再教授较为复杂和长的句子，将整句教学和单项训练相结合。

（二）进行综合训练

语言学习是一个完整的整体，需要在教学中进行综合训练，也就是结合听、说、读、写四个部分。在英语教学中，听、说、读、写能力的培养是教学的主要途径，教师可以训练学生的多种感觉器官，保证听、说、读、写训练的数量、比例及难易程度的适当，从而使学生完成不同的学习任务。

（三）进行对比教学

由于英汉语言的差异性，教师在英语教学中还需要进行对比教学，引导学生在语言的对比和使用中学习单词、语法、语音。这种对比教学的方式能够保证整体教学效果的提高。

九、灵活性原则

在英语教学中，遵循灵活性原则可以提高且保证学生在教学中的兴趣，尤其是对于青少年来说。因为当前阶段的学生正在经历心理与生理的发展变化，他们具有较强的接受新事物的意愿，其特性主要是活泼好动，对于机械化、不灵活的信息内容，他们往往兴趣缺缺。英语语言是生活的一个必要的组成部分，是一个充满活力、不断发展的开放性系统。可以看出，针对语言自身的特性以及青少年的学习特点，教师在进行英语教学时应采用灵活性原则，以确保教学策略、语言学习及语言运用的灵活多样化，从而使英语教学洋溢趣味与活力。

（一）教学方法应具有灵活性

教师的教学方法要有灵活性。一方面，英语教学包括语言知识和语言技能两个方面：语言知识包括语音、词汇、语法等内容；语言技能包括听、说、读、写四个方面，其中又包括许多微技能，不同的技能具有不同的特点。另一方面，学生的个体条件千差万别。因此，在英语教学过程中，需要考虑到学生及教师各自的特性，持续进行各种各样的教学实践，以使教学方式变得丰富多彩和富有创新，激发学生学习英语的热情。

（二）语言应具有灵活性

英语教学不应只是让学生认真听讲和做好笔记，因为英语学习的关键在于使用，所以应让学生参与到教学中，运用英语来实现目标、达成愿望、体验成功、感受快乐。对于教师来说，要想带动学生使用英语，可以通过自身灵活地使用英语来实现，为学生树立模仿学习的榜样，同时营造应用英语的氛围。例如，教师可以适当地用英语组织教学，用英语讲解、提问与布置作业等，这样有利于使学生感到他们所学的英语是活的语言。教师还可以布置具有灵活性的作业，让学生在课下也能灵活地使用英语，作业的布置并不是随意性的，应侧重实践能力，如让学生录制口头作业，让学生轮流进行值日报告和评议时事、新闻等。

（三）学习应具有灵活性

英语学习的灵活性在很大程度上取决于教学方法的灵活性。教师应该帮助学生改变以往单纯的死记硬背的机械性学习方法，探索合乎英语语言学习规律和符合学生生理、心理特点的自主性学习模式，使学生能够自我导向、自我激励、自我监控。

十、文化性原则

文化性原则也是英语教学应遵循的重要原则。我国的英语教学将培养学生的英语交际能力作为教学的重点，而成功的交际既需要语言知识，又离不开文化知识。

在英语教学活动中，教师可以从以下几个方面来进行文化教学。

①注意捕捉教材中的文化信息。

②运用真实的情境教授文化知识。

③认真分析中西方文化的差异。

④充分利用多媒体与网络进行教学。

十一、持续性原则

在完成基础英语教学阶段的学习之后，学生还要向更高级别的英语教学阶段发展，继续进行英语学习，因此在英语教学中，教师要坚持持续性原则，在实践中自觉地帮学生打好向高级阶段学习的基础。具体可从下面两个方面入手。

（一）做好知识的正迁移

遗忘是学习任何知识都不可避免的问题，因此必须巩固习得的语言知识。但是，仅凭巩固学习往往得不到满意的效果，所以应在教学中培养学生的英语实践能力，也就是在发展中达到巩固，以巩固求发展。巩固性和发展性需要在知识和技能的迁移中体现出来。因此，教师在教学中应尽可能地通过各种方法来增大正迁移量，以使学生更好地掌握知识和实践能力。

（二）培养学生学习英语的正确态度

培养学生学习英语的正确态度也能提升学生英语学习的持续性。具体来说，教师应重点培养学生积极的学习态度，让学生感受到学习英语的乐趣，同时锻炼学生使用英语进行交际的能力，使学生将英语学习作为自身成长的一部分。

此外，教师还应着重培养学生的自信心和克服困难的意志。培养和发展学生积极的学习态度可以从三个方面入手：①结合外语学习讨论有关问题。②建立良好的师生关系。③建立情感态度的沟通和交流渠道。

持续性原则有助于学生语言能力的不断提高，这需要教师和学生的不断努力。从教师的角度而言，教师应该做好知识的迁移，提高学生对知识的应用能力；从学生的角度而言，学生应该培养英语学习的正确态度，提升英语自主学习能力和应用能力，提高自身的文化素养和语言能力，最终达到使用英语进行交际的目标。

十二、以就业为导向原则

以就业为导向原则主要适用于高职英语教学的学生。这是因为高职英语教学具有特殊性，其教学过程更加注重实用性、准确性。大致而言，该原则需要英语教师注意以下几个方面。

①在教学过程中所讲授的内容要与高职学生未来所从事的职业紧密相关。

②在开展语言方面的实践训练时争取实现“零过渡”。换言之，高职院校可以与社会企业、事业单位进行合作，为学生提供更多的就业实践机会，从而顺利完成英语教学任务。

③高职英语教学应该以强化学生职业能力的培养为导向，推行“双证书”（学历文凭和职业资格证书）制度，力争实现 80% 的毕业生都能取得“双证书”。高职院校可以与社会上的一些考证机构合作，帮助高职学生在毕业时可以取得双证或多证，为他们谋取更多的出路。

第三节　英语教学的传统方法

语言学家和教学研究者对语言、语言学，教学实践的研究以及社会需求的促进作用都推动了教学方法的不断形成、发展和变革。教学方法对于英语教学而言十分重要，它是英语教学得以有效开展的重要因素。本节将对英语教学中常用的传统方法进行详细探究。

一、语法翻译法

最初的语法翻译法是中世纪欧洲学者探索学习希腊文和拉丁文时所采用的方法。这种方法在18世纪末至19世纪中期逐渐完备，并在相当长的岁月中，充当了欧洲外语教学的关键方法。语法翻译法强调词汇和语法的学习，重视阅读和写作两个方面能力的培养，但是对听、说能力的培养有所忽略。在该教学法中，教师有着权威性的地位，是知识的传授者和教学的组织者，学生则处于被动的地位，其任务只是接受教师的教导，按教师的指示学习。

（一）历史背景

在诸多教学模式中，语法翻译法以其丰厚的历史根基脱颖而出，近年来，其在外语教学领域饱受争议。依据英语教学历史的记述，现代语言教学起源于中世纪末期豪厄特（Howatt）的引领。只要语言教学活动持续进行，相应的教学方法便应运而生，两者紧密相连。语法翻译法的诞生与历史背景及学习外语的初衷密不可分。在18至19世纪，欧洲各国的学院开始设置现代外语学习的课程。彼时，外语学习的主要目标在于使学习者能够阅读希腊文和拉丁文的文献，为达成此目标，他们需要熟谙这两种语言，以便用这两种文字来写作和表达思想。鉴于这一背景，过去的教学方式主要依赖语法为工具，并且，使用语法翻译法来学习希腊语和拉丁语表现出了显著的成效。

与此同时，人们对语言的深入探讨和理解也催生了这一教学法的形成。18至19世纪，语言学理论为语法翻译法提供了相关的理论支撑，涵盖以下三个方面。

第一，在18世纪，学术界对词汇类别的研究和分类，为语法和翻译教学方法的建立和进步奠定了稳固的基础。语言学家视语言为词汇分类的领域，他们坚信，理解并掌握词汇便等于掌握了所学语言的知识。斯多葛学派开创了语法范畴的先河，包括非限定动词、语态、时态等。亚历山大里亚学派在研究词汇的基础上揭示了八种词类，包括介词、代词、冠词、名词、动词、副词、形容词、连词。

第二，在18至19世纪，语言学家坚持认为，对于语言的学习者来说，只需要遵循语法规则将词汇组合成语句，就能清晰地传达思想。因此，他们认为语法是一种关键的黏合剂。在基于此认识的背景下，通过对语言规律的深入剖析和精密分类，他们逐步构建了所谓的“希腊－拉丁语法体系”。在这一体系的主导下，他们明确了主语、谓语、表语、定语和状语等基本要素。

第三，在18至19世纪，语言学家坚定地认为书面语是语言的精髓，并将其视为不朽的典范。因此，他们坚信语言学习者应致力于学习这种经典的书面语。

（二）主要特点

语法翻译法具有显著的特点，主要体现在以下几个方面。

1. 重视语法教学

在语法翻译法的视域下，语法被赋予了核心价值，它成了外语学习的主导要素，同时语法教学亦占据了核心地位。此外，语法翻译法的教材也是按照语法体系的内在结构循序渐进地编排，对语法有详细、系统的描写，不论是分析、讲解、举例，还是翻译，甚至阅读，各种教学活动均以掌握本课的语法项目为直接目标，教学效果的评价也以掌握语法的程度为标准。可见语法在语法翻译法中的重要性。

2. 重书面语，轻口语

从语法翻译法的起源和发展历程来看，其核心在于将口语和书面语进行分离，并将阅读能力的培养视为唯一目标或首要任务。口语教学仅限于使学生掌握单词的发音。可见，语法翻译法注重书面语，轻视口语。语法翻译法将书面语和口语分离开来，避免了因它们的不分离而给教学带来障碍。

3. 以翻译为主要的活动形式

以翻译为教学的主要活动形式是语法翻译法的另一显著特点。在语法翻译法的教学中，教师主要用本族语组织教学、进行讲解。学生的学习活动除了背诵、阅读，还有通过本族语和外语之间的互译来使用、巩固所学的规则和词汇，并且教材中的每个语法项目都配有相关的翻译练习。

4. 句子为教学和练习的基本单位

为了使外语学习变得更加容易进行，19世纪语法翻译法的倡导者用句子取代了希腊语、拉丁语教学法中艰深的语段材料，所以句子就成了语法翻译法教学和练习的基本单位。

（三）主要教学目的

在语法翻译法教学中，教师认为让学生学习外语的目的是通过学习外语培养学生阅读文学作品的能力。为达到该目的，教师就要求学生掌握外语的词汇和语法规则以便能进行翻译。此外，教师还相信，在掌握外语的进程中，学生通过记忆和运用语法规则和词汇，能得到多元的逻辑思维训练。

（四）主要教学活动

通常来讲，语法翻译法的课堂教学活动主要是翻译并概述整篇文章的大意，将课文逐句从外语翻译成母语，对课文的语法规则进行演绎式的讲解，并直接阅读课文以加深对课文的理解。

首先，教师会运用母语对文章的写作背景以及作者的相关情况做一个简要的介绍，进而翻译并概述文章的大意，以使学生对文章的整体有一个初步的认识。其次，教师会对课文逐句地进行翻译。通常，在翻译之前，教师会带读单词表里的单词，使学生知道单词的发音和意义。在逐句翻译时，教师会先朗读句子，然后用母语解释词的、短语和句子的意义。最后，在遇到语法方面的问题时，教师会对语法现象、规则和用法进行详细的阐述，并举例加以说明。

在整体的教学活动中，逐句翻译和语法讲解占了绝大部分时间，它们是语法翻译法的中心活动。

（五）优点与缺点

1. 优点

在许多以培养阅读能力为首要或唯一教学目的情况下，语法翻译法这种仅能培养阅读能力的方法常被当作最佳方法。因此，在教师资质和教学硬件设施尚欠佳，或教师工作负荷较高，或班级规模庞大，或教师工作积极性不强的环境下，语法翻译法通常备受尊崇。其优点具体表现在以下几个方面。

①语法翻译法在外语教学中创建了翻译的教学形式。

②应重点关注词汇与语法的系统性传授，其对学生语言知识的持续巩固以及语言基础的坚实奠定具备重要的促进作用。

③有利于学生否定或是肯定他们对目的语可能存在的推测，同时，帮助学生更好地理解母语与目的语之间的差异。

④在语法翻译法的框架下，细致的语法规则以及广泛的词汇知识，能够使语言更易理解，并且可以实现对学生接触到的各类语言现象的系统性整理，从而实现从初级到高级的逐步处理。

⑤有助于学生将目的语的结构内化，从而提高其使用外语表达的能力。

⑥语法翻译法主张对书面语的详尽解析，强调对原文的精细学习。这种教学策略有助于促进学生在目的语领域内容的掌握。

⑦使用语法翻译法的操作简单易行，无需投入额外的教学辅助工具或设备，只要教师具备基本的外语知识素养，就能随时运用外语课本进行教学。

⑧在语法翻译法教学中，班级易于管理，也易于对学生进行测试。

2．缺点

因语法翻译教学法是在古典语言学研究以及对语言传统认识的基础上形成的，所以它本身会存在一些缺陷，具体体现在以下几个方面。

①过分聚焦教师的引领地位及讲解技巧，忽视了学生的实践参与和语言养成，可能对学生的语言习惯形成和能力培养造成不良影响。

②在语言教育中，未能充分关注和探究语言运用过程中所涉及的文化要素、语言运用的内在动因，以及在不同交际场景下语言所遵循的客观规律。

③对语法规则的过度强调可能导致学生口语交际意识的局限，并在一定程度上限制了他们口语能力的提升与发展。

④教学手法单一，过度强调机械记忆，课堂氛围显得单调乏味，难以激发学生的学习兴趣。

⑤忽视了语音和语调的教学，学生的口语能力得不到培养。

⑥过分主张翻译教学，单纯依赖翻译手段教授外语，这种做法可能会导致学生养成在外语交流中依赖翻译的习惯，从而影响他们用外语进行交际的能力的培养。

二、直接法

随着人们对口语的重视程度不断提升，针对口语教学的直接法也就得以产生。也就是说，直接法是针对口语教学提出的，因而对语音、语调的训练是直接法教学中的主要内容。在直接法的课堂中，口语被视为基础，教师的工作重点是培养学生口头交际的能力。直接法包含三个方面的意思：直接学习、直接理解、直接应用。一般来讲，直接法主张不依赖学生的本族语，而是通过思想与外语的直接联系教授外语。直接法强调语言形式同客观表象之间联系的直接性，认为在外语形式和客观表象之间不应加进相应的母语形式，其最终目的是让学生在交际、阅读或写作时都能使用外语思维。在直接法教学中，教师与学生之间是一种搭档关系，教师与学生可以相互提问或回答问题。

（一）历史背景

直接法起源于19世纪末期，最早由法国拉丁语教师戈恩（Gouin）提出。1880年，戈恩发表了他的一本重要著作《语言教学艺术》，并称自己的教学方法为直接法。直接法主要是指在教学和学习过程中不依赖于学习者的本族语，而是通过思想与外语的直接联系组织教学。

继戈恩之后，贝力子（Berlitz）和帕默（Palmer）进一步推动了直接法的发展，并使其得到普及。其中，贝力子的教学主张主要是通过编写教材和教材用法说明得以体现和贯彻的。其思想集中体现在以下几个方面。

①培养口语能力，以达到用外语思考的教学目的。

②采取外语单元教学，完全不使用学生的本族语。

③采用在教师引导下进行会话、问答为主体的教学形式。

④有计划地而非随意地选择词汇，选择标准是词在口语交际中的使用频率。

⑤语法在语言教学中不再起主要作用，语法教学被放置在一个次要的位置。

帕默一生则发表了较多的论著，这些论著大致分为两类：一是阐述他的教学思想和理论，二是教学用书。他的论著和教学用书较全面地体现了他的教学思想，集中体现在以下几个方面。

①语言学习的实质是形成习惯，需要重视语言活动的流利性，尽可能避免错误的出现，对错误需要及时纠正。

②强调自然学习能力和正规学习能力的融合，两种能力的兼顾才是有效的教学方法。

③在外语学习的初级阶段，需培养学习者潜在的自然学习语言的能力，重点是听力理解、音标教学，语音训练等。

④重视外语教学的顺序。

⑤应该采用多元化的教学手段，吸取各种教学思想、教学方法之所长。

贝力子和帕默的教学思想被人们普遍地认可和接受，并在一定的范围内得到了实践。此外，直接法的产生也与当时的历史环境、人们对外语的需求变化有关。社会的发展、不同民族之间的交往要求人们能够用外语交流，这种对口语的需要是直接法产生的社会背景。另外，语法翻译法所暴露出的缺点与直接法的产生也有密切的联系。人们对语法翻译法的批评动摇了它的基础，同时为直接法的产生创造了必要的条件。

（二）主要特点

直接法的名字源自其信条，即外语教学中的外语词汇应与其所代表的含义和事物建立直接的关联，这种关联直接且无需翻译作为媒介。由于直接法的核心任务在于塑造学生的外语沟通技能，因此直接法表现出以下几个特点。

①直接法认为外语是在自然的环境和情境中习得的，所以它将学习外语与学习母语等同起来。

②模仿、朗读和问答是直接法的主要教学形式，这些教学形式有助于学生掌握正确的语音、语调和培养学生的口头表达能力。

③在直接法中，句子被视作口头交际的基本单位，因此在课堂上教师常要求学生在提问或对教师的问题作答时，以完整的句子提问或回答。

④在直接教学模式中，语法知识在高级阶段被用作评估语言活动正确与否的基准，语法教学的角色被设定为次要部分。此外，直接法完全摒弃了演绎法的采用，更倾向于归纳教学法。

⑤直接法中全部使用外语进行教学。

此外，基于直接法编写的教材也具有显著的特点，具体如下。

①强调口语实践，具有较强的实用性。

②教材内容口语化，重视内容的趣味性，并贴近日常生活。

③教材难度适宜，易于理解和记忆，强调利用直观教具的作用。

（三）主要教学目的

采用直接法进行教学的主要目的是培养学生使用外语进行交际的能力。虽然在直接法中，听、说、读、写四项技能都要培养，但在入门阶段，教学的重点放在了口语能力的培养方面。为了能够进行跨语种的沟通交流，学生必须精通于运用目标外语思维模式进行思考，因为只有这样，他们才能在目标外语环境中有效阐述自身的思想观点，不受到母语的干扰。

（四）主要教学活动

课堂教学活动是从学生一个接一个地朗读课文句子开始的。学生读完一个句子，教师就指向教室中挂着的地图上学生所朗读句子的那一部分。在地图的帮助下，学生加深了对句子含义的理解。然后教师针对课文内容对学生进行提问，并要求学生用完整的句子回答。

教师提问结束之后，让学生提问。当教师发现学生的某些单词的发音有问题时，随机要求学生模仿他的发音和他所说的句子，以保证学生掌握正确的发音。

在提问结束之后，教师开始另一项练习，以课室为情境，练习使用介词，以使学生明确介词的意义和用法。

可以看出，在直接法的课堂中，语法是通过归纳法教授的，也就是先让学生实际掌握语言材料，再从他们所积累的感性语言材料中总结语言的规则，教师不在学生接触语言材料之前去讲授任何语法规则。

（五）优点与缺点

1．优点

直接法的优点归纳起来有以下几点。

①注重活用语言，重视语音、语调和口语的教学，并抓住了外语教学的实质，利于学生听、说能力的培养。

②重视以句子为单位的口语教学，有助于学生直接运用外语能力的培养。

③强调语言教学活动和教学内容的趣味性，重视调动学生的学习兴趣。

④注重实践练习，注重培养学生的语言习惯。

⑤常运用接近实际生活的教学方式和方法，较为生动活泼地进行教学，利于丰富教学内容，提高教学质量。

⑥在直接法教材的编写上，也注重材料的实用性以及安排上的循序渐进性。

2．缺点

因直接法对外语教学中各种问题的认识和处理存在简单、片面的倾向，所以直接法本身也存在一定的缺陷，具体体现在以下几个方面。

①忽视了母语的价值，过度强调外语的应用，以至于可能在课堂上禁止或生硬地拒绝使用母语，这种做法对于理解一些抽象概念的词语或语法规则并不利，它可能浪费了大量的时间，同时也导致错误的发生。

②太过强调直观教学的重要性。虽然在学习的初级阶段，直观教学方式是可取的，但是到了中级和高级阶段，将很难实现。

③忽视了语法的作用，片面强调机械模仿和记忆的重要性。

④在口语和书面语的关系上，听、说与读、写的关系上，处理语法和实践练习的关系上，直接法一味强调或夸大一个方面，而忽视或否定另一方面，没有科

学地处理好它们之间的关系，更没能充分发挥它们之间的协同作用。

⑤直接模仿儿童在家学习母语的方式，漠视青少年或成年人学习外语时的特性，给外语教育带来了无谓的困扰。

三、听说法

听说法又称口语法，是在第二次世界大战期间由美国语言学家建立起来的外语教学方法。该教学法强调听、说能力的培养，课堂大部分时间都花在听和说的训练方面。它和直接法有相同的地方，即强调口语的第一性，强调口头能力的培养。但它也有自己独特的地方，听、说领先，读、写跟上可以说是对其特点的集中总结。

（一）历史背景

听说法产生于20世纪40年代的美国，这一教学法的产生与发展主要基于以下两个方面的原因。

一是语言学的深入研究与发展为听说法的形成提供了重要的理论依据。对听说法产生影响的主要理论观点可概括为以下四个方面。

其一，语言，被视为一种惯常的表达和交流方式。语言学习，则是对这种惯常行为方式的研究，通过持续的环境刺激和积极的反馈，协助学习者形成这一习惯。

其二，语言是行为，也是刺激与反应的结果。只有引导学习者不断地实践这一行为，才可能学会它。

其三，语言首先是有声的，是讲的话，而不是写出来的文字。

其四，语言不应该是人为确定的规则，而应该是人们如何使用语言的描述。

二是听说法的产生与当时的社会发展也有着密切的关系。在第二次世界大战时期，美国人惊觉他们在战争的特殊环境下，缺乏足够的随军翻译人员来满足日益频繁的沟通需求。尽管有些人具备外语的基本知识，但大多人仅能满足阅读理解，尚不能担当起将口头交流转化为文字的口译工作。因此，在各大学的协助下，美国政府制定了一项军队特别培养方案。与此同时，征求了诸多知名语言学家的宝贵建议，如博厄斯（Boas）、萨丕尔（Sapir）、布龙菲尔德（Bloomfield）等。这些语言学家认为，外语教学不成功的主要原因在于那些没有多少实际意义的、似是而非的语法教学和答题式的翻译练习。他们强调，应确保学生与大量口语素材的深度接触，而非限于阅读训练。这一培训计划具有鲜明的特点，主要体现在两个方面：一是营造了良好的外语环境，二是带有强化性质的口语句型操练。由于这一计划以及训练方式取得了显著的成绩，所以第二次世界大战之后有许多学校仍在使用这一方法。

（二）主要特点

听说法的特点主要体现在以下几个方面。

1. 听、说为先，兼顾书面语

采用听说法的教学，其首要任务是重视听和说的训练，并将此视为提升读写技巧的关键。语言材料要先经过听、说，才能进一步转化为书面文字。

2. 句型为纲，组织教学

在听说法教学体系中，句子被认定为语言表述意义的核心单位，并把句型视为从众多具体句子中抽象提炼出的、具有完整形态的句子模型，这彰显了语言构造句子的规律。听说法的英语教学重视强化学生对外语基本句型的掌握，并着重培养学生依据句型推演生成更多新句子的能力。

3. 根据对比，确定难点

听说法认为，需要学习的语言与学生的本族语之间的差距越小，那么学习越困难。换句话说，听说法是以外语与本族语的对比为依据来决定教材中教学内容的选择和编排、教学时间的分配和测试内容的选择。

4. 趣味与实用并重

听说法注重教学内容的趣味性和实用性。在教学材料的选择上，不再采用枯燥，单一的古典文本或书面体素材，而是根据实际采用多种教学素材。

5. 反复操练，形成习惯

听说法为了让学生在交际中做到不假思索地脱口而出，要求学生进行大量、反复的操练，达到自动掌握语言材料的程度。

6. 发现错误，及时纠正

在刺激－反应学说的框架下，在学生学习外语之初，应对所有的句型、语音、词汇都具有清晰、精确的理解，模仿时的准确性、表达时的正确性都应得到充分的关注。在学习时，为避免错误习惯的养成，应细心识别并及时纠正任何细微的错误。

7. 尽量不使用母语

听说法旨在以直接、具象的方式传达信息，通过情境、上下文和所学外语的实际含义，避免过度依赖母语，在必要情况下仅使用翻译作为解释和理解的手段。

（三）主要教学目的

听说法的核心目标是培养学生使用外语进行有效交流的能力。该教学模式坚信，语言在实质上是习惯的集合体。在外语学习的进程中，其核心价值在于塑造全新的、区别于母语的习惯。为实现这一目标，学生需要倾注大量精力于语言学习，通过积极地练习、模拟、背诵与记忆，以熟练地掌握多种语言的构成要素，包括词汇、语法、语音等。在运用这些语言结构进行交流时，能不假思索、自如地表达观点。在达成学习目标时，学生还需要克服母语中的旧习惯，防止其对外语新习惯产生干扰。

（四）主要教学活动

因听说法比较重视口语教学，所以每节课均由对话开始，口语教学是听说法课堂的主要活动。

在课堂上，教师常通过不同的方式进行表演，以使对话生动活泼，使学生听懂对话的内容。通常情况下，教师会将对话表演两次，以使学生对对话的内容有一个更深的了解。教师会要求学生一句一句地模仿跟读。倘若遇到长的句子，教师会用逆向组句法来训练学生掌握难句。多次模仿和跟读之后，教师学生之间会表演对话。表演的形式也是丰富多样的，既可以由教师扮演对话一方，全体学生扮演对话另一方来进行对话，也可以由一半学生扮演对话一方，另一半学生扮演对话另一方来进行对话。总之，无论是跟读还是对话，最终目的都是让学生能背诵对话。

接着教师会进行一些句型操练。句型操练可以说是听说法一个很有特色的训练项目。通常，句型操练之后，教师会布置阅读和书写的练习，以巩固听、说的效果。这也就是很多人把听说法的具体操作总结成听、说领先，读、写跟上的原因。

（五）优点与缺点

1．优点

听说法的优点主要表现为以下几点。

①强调口语教学的互动性和交流性，鼓励学生进行双向交流而不仅是单向的句型操练。

②重视口语教学的语境和话题的选择，摆脱机械的重复和模仿，注重真实情境中的口语交际。

③强调口语表达的可接受性和习惯性，培养学生自然流畅的口语表达能力。

④重视口语教学内容的实用性、真实性和趣味性，确保学生能够运用所学口语知识于实际情境中。

⑤强调学生参与口语交流的意识和实践意义，鼓励他们积极参与口语活动。

2. 缺点

虽然听说法有着显著的优点，但也有自身的缺点和不足，表现为以下几点。

①将主要关注点置于听力的培育上，因此，在学生的阅读与写作技巧的培养上表现出了相对的不足。

②在目的语的语法体系方面，学生表现出了对其理解与掌握的不足。

③所强调的句型操练往往脱离了语言内容和社会语境，不利于学生交流能力的培养。

④教学方法机械、单调，容易使学生产生厌倦情绪。

四、情境法

情境法又称口语情境法，它是 20 世纪 30 年代至 60 年代期间由英国应用语言学家创立起来的英语教学法。其中，帕尔默（Palmer）和霍恩比（Hornby）是创立该教学法的两个主要代表人物。情境法的影响非常大，现在很多院校仍在使用按照情境法的原则编写教科书和工具书，如《新概念英语》《英语句型和惯用法》等。

（一）理论基础

1. 相似原理

相似原理是情境法的理论基础，它是一种具有普遍性的原理，反映了事物之间的同一性。形象是情境的主体，情境教学中模拟的形象除了符合教学的需要，还要和学生的知识经验相一致。通过创设情境，教师可以给予学生丰富多样的感知对象，以使他们大脑中的相似性单元（知识单元）迅速增长，进而锻炼他们的相似性思维技巧。

2. 直观的认识原理

直观利于抽象知识的形象化和具体化。情境法就是通过创设情境，为学生呈现生动而具体的形象，使他们从具体的感知延伸至抽象的理性理解，从而增强学习热情，推动学生的学习过程由被动向主动积极的方向转化。

3. 情感和认知相互作用的原理

根据情绪心理学的研究，情感与认知存在相互作用。个体的情感对认知活动具有三个方面的功能，即动力、强化和调节。情境法是一种在教学过程中充分调动学生积极、健康情感的方法，从而促使学生更积极主动地学习。这种方法通过积极引导情感来帮助学生更主动地参与学习过程。

4．有意识与无意识相统一的原理

有意识与无意识是情境法强调的两个重要方面。意识心理活动是主体对客体所意识到的心理活动的总和，它是主体对客体的无意识认知和内在体验的统一体现。这种反映方式是人脑不可或缺的非意识活动，涵盖了无意识想象、无意识再认、无意识表象、无意识记忆、无意识感知等各种内容。情境法强调在不知不觉中获得智力因素与非智力因素的统一。如果在认识、适应和改造自然的过程中仅仅依靠意识心理活动，那么这个过程是不能完成的。情境法的核心目标在于有效地激发并合理利用无意识心理潜在的认知能力。在人们认知过程中，这种无意识心理活动的能力扮演着重要角色，是不可或缺的力量源泉。

（二）主要教学目的

情境法的关键在于调动学生的感情，它通过精心设计充满情绪色彩的生动、逼真的情景，创设具体形象，以激发学生的主观情感，从而实现其态度与体验的积极介入。在此基础上，情境法通过激发学生的情感，进而引导他们对教材内容进行深入理解，培养学生的听、说、读、写能力，最终使学生的心理机能得到发展。

（三）主要教学原则

1．轻松体验原则

轻松体验原则阐述的是，在情境化教学中，教师应创设一个轻松且充满乐趣的环境，以激发学生在此环境中萌发提问的兴趣，进一步引导他们用批判性思维以及想象力自行寻求答案并分辨对错。该原则主张，对学生而言，思维的过程和结果都具有同等的价值，其目的是使学生能够体会到思考与发现问题带来的不是一种压迫感或困扰，而是乐趣。

2．学生自主原则

情境法应坚持学生自主原则，这一原则强调师生关系和学生在教育教学中的主体地位。情境法强调，教学是一种特定情境下的人际交往。良好的师生关系是情境教学的基础。教师应该用情感感染学生，用理性启发学生。师生之间需要建立相互信任和尊重，这意味着教师需要充分了解学生，而学生也需要了解教师，双方形成默契。学生在教学中处于主体地位，这一点也决定了自主性原则更应侧重于教师鼓励学生进行自我评价和独立思考，并培养学生的创新精神和主动性。这一原则要求教师从学生的实际出发，让学生在体验做人的道理的同时，提高他们的学习能力，也就是说，教学的一切活动都要建立在学生自主的基础之上。

（四）主要教学方法

情境教学的方法有很多，这里集中介绍几种常见的方法。

1. 激活情境

在课堂教学中激活情境，可以有效激发学生的学习热情，强化学生的求知欲，因此在教学中教师可采用各种方式来激活情境。现在很多英语教材采用的都是彩色图画的形式，并且伴有大量的情境对话，因此教师可充分利用教材激活情境，加深学生的印象。此外，教师还可以在第一次上课时让学生自己取一个英文名字，并要求他们经常性地对这个英文名字加以使用，使学生有种身临其境之感，这种方法也能有效激发学生的学习积极性。

2. 创设情境

虽然教学过程中强调情境的真实性，但将真实的情境搬入课堂是不现实的，这时教师可以模拟情境。创设情境时可采用多种方法，教师既可以设计情境对话，让学生进行表演，也可以分角色朗读，再现真实的情境。例如，教师在讲授有关工作的内容时，既可以让学生用英语描绘自己理想的工作，也可以介绍家人的工作，或者进行情境对话，让学生感受英语在日常生活中的实用性。

3. 渲染情境

有时模拟情境会受到很多客观条件的限制而无法达到预期的效果。这时可以采用各种手段来渲染情境，如可运用录音、投影仪、多媒体等手段，让学生走入情境、理解情境、表演情境，以此突破语言关。通过渲染情境，教师可以对有关对话的时空、地点进行形象、生动的描述，加深学生对语言的理解，帮助学生在语言与表达对象之间建立起联系，进而激发学生自主进行英语交际的欲望和积极性。

4. 烘托情境

烘托情境也是一种有效的教学方法，其中音乐就是一种很好的选择。音乐可以以特有的旋律、节奏烘托情境，给人以美感，使人心旷神怡。在英语教学中融入音乐，可以更好地表现情境内容，缓解课堂气氛，使学生投入其中。在教学中，教师可以播放一些经典的英语歌曲，这些歌曲发音纯正，旋律优美，可以使学生在不知不觉中学习英语。

5. 加强情境

为了提高教学效果，在教学中还可以通过游戏来加强情境。在教学中加入游戏元素，一方面可以充分发挥学生的主观能动性和创造性，另一方面还能调节课堂节奏，使学生在轻松愉悦的氛围中巩固知识，锻炼运用语言的能力。

五、认知法

（一）历史背景

认知法又称认知符号法，它是 20 世纪 60 年代中期由美国著名的心理学家卡鲁尔（Carroll）提出的。

20 世纪 60 年代中期，当时盛极一时的听说法开始走下坡路，其理论基础受到猛烈抨击，它的机械句型操练也令教师和学生感到厌倦。认知法的出现正好满足了人们对外语改革的需要。认知法主张听、说、读、写齐头并进，但由于它过分强调规则的指导作用和成人学习外语的特殊性，因而对语音、语调方面要求的严格程度稍逊于学生的理解能力和自学能力。

（二）主要特点

1. 对口语和书面语同等重视

在认知法看来，口语和书面语是相辅相成、互相促进的，所以教学中口语技能的培养不必先于书面语，听、说、读、写可以齐头并进。

2. 强调培养语言的交际能力

认知法是创造外语环境，为学生提供更多使用外语的机会，以提高外语能力的教学过程。认知法广泛使用直观教具和现代化的视听教学手段，以情境化和交际化的方式进行教学。课文应该具备上下文情境，让学生在具体语境中理解和运用所学知识。

3. 以学生为中心

认知法并非如其他教学策略那样，将关注点放在教师的教法上，而是将焦点放置在学生如何学习上，真正实现教学与学习的融汇交织。认知法强调，在外语教学中，学生的内在因素，尤其是其心理活动，对教学效果起着决定性影响。要想优化外语教学效果，就必须激发学生的学习主动性，培养他们优良的学习态度和动机，使学生掌握科学有效的学习方法。

4. 强调在理解知识和规则的基础上练习外语

认知法强调，学习外语是侧重理解、运用规则，并非仅涉及刺激—反应式的学习，更重要的是借助逻辑推理在大脑中实现语言创造性地运用。此外，认知法还强调语法学习，反对单纯依靠机械操练来培养语言习惯。

5. 对学生的错误持容忍态度

对于学生的错误，认知法主张采用容忍的态度。认知法认为，语言习得是假设—验证—纠正的过程，所以出现错误是避免不了的。教师的职责之一在于对学生在学习过程中出现的不当行为进行深入剖析与疏导，从而将其视作优化教学方法的关键线索。同时，教师需要根据每个问题的根源制订相应的解决方案，分别处理以满足学生个体差异。

（三）主要教学活动

认知法教学活动主要分为语言理解、语言能力和语言运用三个阶段，下面分别进行介绍。

1. 语言理解阶段

语言理解就是学生要理解教师讲授或提供的外语材料，明白语言规则并了解它们的结构及用法，依据认知法理论，语言规则的讲授可采用发现法。即教师提供易于学生发现规则的外语材料，引导学生发现和总结语法规则。

2. 语言能力阶段

这一阶段教学的主要目的是培养语言能力。语言能力必须在理解语法规则的基础上，通过有意识、有组织、有意义的操练来获得。认知法反对那种只重形式的机械性练习，而注重表达思想情感的有意义的练习。练习的形式包括多种，如看图说话、描绘情境、转述课文、造句和翻译等。这一阶段的练习主要是为了巩固课文中出现的语言知识，所以练习主要是围绕课文进行的。

3. 语言运用阶段

语言能力阶段是围绕课文的语言知识进行的练习，因此控制性较大，但语言运用阶段的教学活动控制性不是很大，学生可以进行享有更大自主权的交际性练习。这一阶段教学的主要目的是，通过多样化的交际性练习培养学生运用语言材料进行听、说、读、写的能力，特别是培养学生真实的交际能力。

交际性练习的形式多种多样，既可以是指定的情境交谈，也可以是按指定的题目进行叙述和讨论；既可以是口头的角色扮演，也可以是书面的作文和翻译。无论是何种形式，这一阶段的交际活动都是以学生为中心，教师处于从旁指导的地位。

六、交际法

交际法又称功能法或功能－意念法，它产生于20世纪70年代初期的西欧共同体国家。交际法的产生是人们深入研究语言功能的结果，同时标志着在外语教学中人们开始从只注意语言形式和结构的教学转向注意语言功能的教学。

（一）理论基础

交际法的理论基础是海姆斯（Hymes）提出的交际能力理论。海姆斯的交际能力理论从语言交际的角度向人们解释了语言的本质。

交际是在特定语境中说话者和听话者、作者和读者之间的意义转换。语言是社会文化现象，对语言的研究不能局限在语言本身的句子结构上，还应该在真实的社会环境中对语言进行研究。所以，只对本族语言的语法知识进行解释，而不对语言使用的规则进行分析和了解是不全面的。

在海姆斯的研究基础之上，卡纳尔（Canale）和斯温（Swain）从语言教学的角度进一步解释了交际能力，并被人们广泛接受。他们将交际能力分为以下四个方面的知识和技能。

①语法能力。主要指掌握语言规则知识，即理解和表达语言的字面意思所必需的知识和技能。

②社会语言能力。包括目的语民族的社会文化知识、习俗、礼节等，还包括在不同的社会语言环境中恰当地理解和表达语言的能力。

③语篇能力。主要指根据不同的题材，把语言形式和语言意义结合起来，组成统一的口语体或书面体的能力。

④策略能力。主要指交际者为能够顺利地完成或提高交际效果所使用的各种有效的技能和方法。

（二）主要特点

交际法有着显著的特点，具体表现在以下几个方面。

1. 强调教学过程的交际化

交际法十分注重教学过程的交际化。在交际法中，教学的重点已从语言的形式转向内容，从单向的语言知识的传授转向双向的互动式的语言实践。

2. 以学生为中心

交际法强调以学生为中心。以学生为中心开展的课堂活动一般被看作一种主动的学习过程，在这一过程中学生需要扮演积极的角色来吸取新的语言内容，同时运用所学语言去表达自己的思想。要创造以学生为中心的教学环境，需要以下两个方面的条件：一是要求为学生提供带有真实意义的语言交际情境，在交际性活动中学生有计划地表达自己的思想，并能够进行双向的交流；二是学生自己有参加这些交际活动的愿望。

3. 强调教学内容的真实性

教学内容的真实性对学生交际能力的培养十分重要。因为书面体的语言在实际生活中很少使用，或者很难遇见，以这样的教学内容为基础的外语教学是很难培养学生的语言交际能力的。为此，交际法创造了以任务为基础的语言活动，以解决问题为基础的语言活动和以专题为基础的语言活动，使学生围绕任务、问题或题目有目的地掌握语言功能，习得语言交际能力。

4. 重视教学环境的真实性

利特尔伍德（Littlewood）讲道："交际法使我们更强烈地意识到只教会学生掌握外语的结构是不够的，学生还必须掌握在真实的环境中将这些语言结构运用于交际过程中的策略。"① 在外语教学中，如何积极地创造语言交际环境，使学生在交际活动中掌握使用语言的能力，则是体现交际性原则的一个重要方面。

（三）主要教学目的

培养学生的外语交际能力是交际法的主要目的。学习语言的人不仅应该具有识别句子是否合乎语法规则的能力和创造出合乎语法规则的句子的能力，还必须知道如何恰当地使用语言，即针对不同的对象，在不同的场合和时间使用不同的语言。所以，外语教学有必要培养学生的外语交际能力，即培养他们在社会环境中恰当使用语言的能力。

（四）主要教学方法

1. 丰富教材内容

所有的教学都要以教材为本，但这并不是说所有的教学就要完全依赖教材或是照本宣科，而是应该在教材的基础上进行丰富。丰富外语教材的途径有很多，如教师可以从报纸、书籍、杂志、电视，甚至可以在网上的一些声像资料中筛选材料。此外，教师安排教学时，应尽量模拟真实的语言环境，让教学内容反映真实的社会。

① 利特尔伍德．交际语言教学论[M]．李力，译．北京：外语教学与研究出版社，2000．

2. 在课堂中组织交际活动

在课堂教学中灵活地组织和开展各种形式的交际活动，可使学生有机会将学到的知识应用于实际。所以说，交际化的活动是实现外语教学过程交际化的关键。在交际活动中，教师的主要任务是帮助学生促进语言形式和语言意义的结合。在具体组织交际活动时，教师应联系以下几个方面的内容。

一是联系社会功能。由于交际体现的是社会功能，因此教师在组织交际活动时应联系社会功能。此外，教师要对场景中的句型进行归纳整理，同时要联系句型的社会功能，这样才能使学生正确理解句子的意义，让学生通过不同场景中不同的句型，了解表达和语气的差异，使学生在不同的场合有效地使用语言。

二是联系意义。培养交际能力是交际法的主要目标，但该教学法在实施的过程中存在着一个问题，就是强调意义，却忽视了语言结构的准确程度。实际上，语言是音义结合的语法和词汇体系，具体来说，词汇赋予语言以意义和内容，而语法赋予语言以结构形式，语法结构和词汇意义是相互联系、不可分割的。所以，教师在教授外语词汇、语法等知识时，应联系意义，结合具体的例子，切实提高学生的交际能力。

三是联系语篇。在组织教学活动时，除了要联系社会功能和意义，还应联系语篇。因为联系语篇可以避免孤立地看待问题，并且在语篇组成的语境中理解，对于所教的语言知识的印象会比较深刻。这种方法比较适合词汇和语法的教学。

（五）缺点

从以上内容可以明显看出交际法的优点，但交际法也存在一定的局限性，因此这里主要对其局限性进行分析说明。

交际法的本意之一是弥补其他教学流派忽视语言运用的不足，但是交际法并没有很好地达到这一目的。它只是让学生孤立地记住功能、情境和语言表达形式的对应关系。

交际的倡导者一再声称交际包含口语交际和书面交际两类，但实际上，交际教学法重视口头交际能力的培养，而忽视了阅读能力的培养。

由于交际法过于重视口头的交际，不能使学生很好地掌握目的语的语法体系，因此不利于学生掌握语言知识，也不利于学生打好必需的语言基础。

七、任务法

（一）历史背景

任务法又称任务型教学法，是一种在20世纪80年代逐渐发展起来并广泛应用于语言教学的教学方法。任务法的理论基础可以追溯到美国教育家杜威的实用主义理论。该理论强调教育的核心应是学生，教学应该引导学生在各种活动中进行学习，教师主要起引导作用。教师或教科书不应该作为教育的核心。任务法的应用旨在培养学生的实践能力和自主学习能力。

在英语教学中，任务法是一种极为有效的教学方法，体现了较为先进的教学理念。该教学法以任务组织教学，在执行任务的过程中，利用多种学习模式，充分挖掘学生的内在认知能力，引导他们激活并利用已有资源，以便他们在实践中切身体验和应用英语。

（二）包含的要素

任务课堂教学中共包含六个要素，这六个要素反映了任务的本质，可为学生带来诸多好处，如促进学生互动、使学生参与有意义的语言实践、提高学生的积极性、提升学生的英语水平等。

1．目标

目标在任何教学中都不可或缺，在任务教学中也是一样，只有明确了目标，才能确定教学内容。在任务教学中，设定的目标具有教学目的和非教学目的双重性质。

2．内容

每个任务都需要具有实质性的内容，这样才能更好地在教学中实施。任务的内容是指需要学生履行的具体行为和活动，这些行为和活动旨在激发学生的学习兴趣、培养实际应用能力，并促使他们全面地理解和掌握所学知识。因此，在设计任务时，需要仔细考虑任务的具体内容，确保其与教学目标相符，并能够提供有意义的学习经验。

3．输入材料

在执行任务的过程中，使用或依据的辅助资料便是所需的输入材料。输入材料可以包含语言或非语言元素，形式丰富多元。在教学任务中使用这些材料，可以使任务更具有可操作性。

4. 情境

这里的情境是指任务所产生和执行的环境或背景条件，包括语言交际的语境。需要注意的是，在任务教学中，设计的情境应尽量真实，以提高学生对语境和语言之间关系的认识。

5. 角色

角色指的是教师和学生在任务教学中所扮演的角色。在任务教学中，设计者可以设计教师和学生的角色，也可以不对其角色进行明确的规定，但无论是何种情况，学生与教师的角色特征皆有隐喻或表现。就教师而言，其角色呈现多样化特点，既可以扮演指导者和监控者的角色，也可以作为任务的执行者，但不管是哪种角色，其宗旨都是保证任务顺利开展。

6. 程序

在这里，程序主要是指安排任务教学中的各要素该如何进行，包括任务序列中某一任务所处的位置、先后次序、时间分配等。

（三）主要教学活动

任务法的教学活动主要包含以下三个阶段。

1. 任务前阶段

呈现任务是任务法教学活动的第一个阶段。在这一阶段，教师应向学生揭示与研究主题相关的学习情境以及思维的路线图，并确保新获取的学习内容与学生的知识构架形成某种程度的联系，以刺激并巩固学生的探究兴趣和学习动力，促使学生对新的课程有所期待。

2. 任务中阶段

学生实施任务是这一阶段的主要内容。学生可以通过自由组合小组或结对子的形式来完成任务，也可以通过教师设计的一系列小任务构成任务链的方式来实施。为了激励学生，教师可以积极参与小组活动。在这个过程中，教师需要了解学生对新知识的掌握情况，及时监督和指导学生的任务执行情况，并根据具体情况随时调整教学策略，以确保任务能够顺利完成并保证其质量。

3. 任务后阶段

汇报与评价是这一阶段的主要任务。在完成任务之后，各小组讨论派出代表向全班报告任务完成情况。选择代表的方式不同，给学生带来的影响也不相同。代表的选择可由小组成员推选，也可由教师指定。如果由小组推选，可以增强被选举学生的自信心；如果由教师指定代表，可以激发该学生的学习兴趣，两种方式各有优点。此外，为了保证学生汇报的准确性和自然性，在学生汇报任务时，教师应给予一定的帮助和指导。

在汇报任务完毕之后进行评价是十分有必要的。教师应对各小组的完成情况进行评价，指出各组的优点和缺陷，并评出最佳小组，让学生在完成任务之后，品尝到成功的喜悦，同时认识到自己的不足并加以改正。在评价过程中，教师应掌握好评价的促进作用，通过评价来激发学生的兴趣，调动学生的积极主动性。

第三章　翻转课堂在英语教学中的应用

传统英语教学模式离英语教学的目标相去甚远。翻转课堂的出现给英语教学带来了一场颠覆性的变革，翻转课堂主张让学生在课前通过视频学习，并在课堂上完成英语语言的运用，从而实现了学以致用的目的。翻转课堂真正实现了英语教学理论与实践的结合，符合社会对英语人才的需求。

第一节　翻转课堂在英语教学中应用的理论依据

任何一种理念在英语教学中的应用，背后都有其理论支撑，翻转课堂也不例外。翻转课堂在英语教学中的应用，主要依据的是相关的教育学理论和心理学理论。

一、教育学理论

（一）掌握学习理论

20 世纪中叶，美国联邦政府为了促进科技的发展，正式颁布《国防教育法》，强调加强自然科学、数学和外语的教学，重视职业教育和天才教育。当时，美国国内正在进行一场轰轰烈烈的结构主义课程改革，这场改革只培养了少数英才，并且造成一些学生极度缺乏基础知识，最后以中等教育质量的下降收场。在反思这种结局之后，美国社会又掀起了一场“恢复基础”的运动，强调课程应该重视读、写、算等基本功的训练，主张教学以教师为主导。可惜的是，这两场教育改革都没有达到美国政府预期的目标。在这种背景下，美国著名教育家和心理学家本杰明 · 布鲁姆（Benjamin Bloom）在 20 世纪 60 年代中期提出了掌握学习理论，该理论是指为了所有学生的全面发展，基于班级授课制和及时反馈的辅助，为学生进行个性化的辅导。它主要包括以下几种基本观点。

1. 新学生观

依据传统教育理论，学习能力和智力作为稳定的、不可控制的个性，决定了学业成就的大小。传统教学用正态分布来描绘学生的能力，固定化地认为三分之一的学生能完全掌握教学内容，三分之一的学生达到一般的学业水平，三分之一的学生无法达到合格的学业水平。学生能感受到教师的这种固定化的设想，最后使得学习成绩较好的学生得到了教师更多的关注，而那些学习成绩落后的学生被教师忽视。教师的这种固定化预设，压抑了师生的抱负水平，也削弱了学生的学习动机。

布鲁姆对这种传统教学习惯不以为然，他认为每个人都具有大致相同的学习潜能，只要在时间充足和具备适当帮助的情况下，所有学生都能高质量地完成一门学科的学习。布鲁姆在研究好学生和差学生、学得快的学生和学得慢的学生两个设想后，对分层教学、按成绩分组分班提出了质疑。他认为在具备适当的学习条件的前提下，大多数学生都具有相接近甚至等同的学习能力、学习速度、学习动机等。这种学生观，有利于学生自我学习意识的增强以及学习态度的转变，从而使学生把更多课内时间用于积极学习。

2. 反馈矫正系统

传统教学只有班级授课的形式，平时测验和期末测验是用来排名的，缺少个性化辅导。但是，掌握学习理论的实质是班级教学和个性化辅导的结合。教师通过诊断性或形成性测试，及时了解学生已经达到的水平以及学习的漏洞，并有针对性地采取补救和矫正措施，最大限度地使每一个孩子都可以完成学习目标。

3. 教学变量对学习成绩的影响

很多种教学变量都能影响学习成绩。如何处理这些教学变量之间的关系，就关系到掌握学习的策略。这些教学变量包括学习时间、恒力、学生的特殊能力倾向、教学质量、学生的接受能力等。

在卡罗尔（Carrol）的教学模式的基础上，布鲁姆提出了自己的三变量教学模式。卡罗尔的教学模式包括五个教学变量，它们之间的具体关系如图 3-1-1 所示。

$$\text{学习达成度}=f\left(\frac{\text{实际学习时间}}{\text{必要学习时间}}\right)$$

$$=f\left(\frac{\text{允许用于学习的时间}\times\text{恒力}}{\text{特殊能力倾向}\times\text{教学质量}\times\text{教学理解力}}\right)$$

图 3-1-1　卡罗尔的教学模式

如图 3-1-1 所示，允许用于学习的时间和恒力决定了实际学习时间，允许用于学习的时间属于外部因素，恒力属于内部因素。当允许用于学习的时间足够多，但是恒力较低，实际学习时间就没有增加，教学效率低下。特殊能力倾向、教学质量和教学理解力决定了必要学习时间。特殊能力倾向和教学理解力属于学生因素，教学质量属于教师因素，其中关键因素是教学质量。可见，不能通过单纯地增加学习时间来取得达成度。

布鲁姆的三变量教学模式如图 3-1-2 所示。

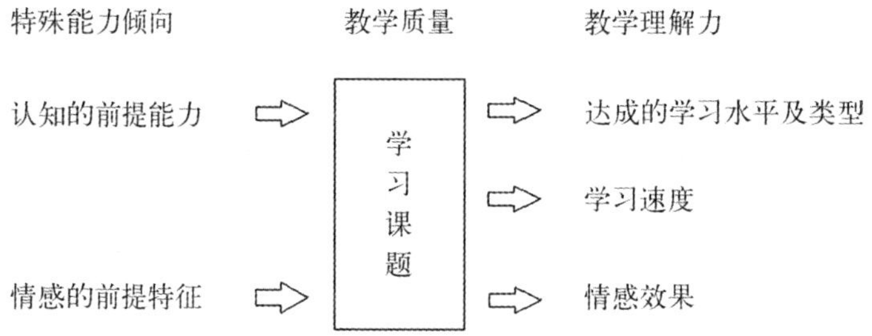

图 3-1-2 布鲁姆的三变量教学模式

（二）建构主义理论

心理学家让 · 皮亚杰（Jean Piaget）首次提出了建构主义，创立了著名的日内瓦学派，该学派主要关注的是幼儿认知的发展。皮亚杰认为，幼儿与周围环境的互动过程包括同化和顺应，他们在这个过程中形成了对外部世界的初步认识，产生了自我认知结构。[①] 同化，简单来讲，就是外在刺激和已有的知识发生联系的过程；顺应就是当已有信息无法适应外在刺激，认知结构发生改变的过程。幼儿通过同化和顺应两个过程达到和环境的平衡，当已有知识不能同化新信息，平衡就被打破了，从而通过顺应来建立新的平衡。在平衡—不平衡—平衡建立的这一过程中，幼儿形成了自己的认知结构。建构主义理论提出了两种教学模式，分别是抛锚式教学和随机访问教学。

1. 抛锚式教学

抛锚式教学是基于抛锚（即真实存在的事件与问题）的一种教学模式，该模式认为当抛锚被创设以后，教学内容和进度就跟着确定了。建构主义理论认为，学生要通过对直接经验的感知、体会而不是教师的间接经验来深刻地领悟各种知

① 皮亚杰．教育科学与儿童心理学[M]. 杜一雄，钱心婷，译．北京：教育科学出版社，2018.

识之间的相互联系，这才建立了学习的意义。抛锚式教学包括以下几个流程。

①创设情境。教师要为学习创造一种类似于真实环境的学习情境。

②确定问题。确定问题的过程也就是抛锚，教师在自己所创设的真实情境中挑选与学习内容密切联系的事实。

③自主学习。教师只向学生传递处理问题的方法，如获得信息的方法以及其他学习者处理类似问题的方法等。自主学习包括获得信息的能力、安排学习内容的能力以及应用信息、评价信息的能力。

④合作学习。学生之间在讨论、交流的过程中，了解彼此的观点，并进一步确立自己的观点。

⑤后果评价。抛锚式教学将学习界定为解决问题的过程，因此对教学效果的评价要通过观察具体的学习情况来进行。

2. 随机访问教学

随机访问教学也被称为随机进入学习，即学生在学习相似的内容时可以自由选择学习途径或方法，进而获得更多的相似知识。以前的传统教学只是为了夯实基础知识和训练技能而机械地重现教学内容，而随机访问教学是通过让学生多次“接触”相似的内容，来获得对知识的完善的理解。依据弹性认知理论，随机访问教学对反复重现相似内容的时间、场景和目的有着一定的要求，最后都是为了实现学生的理解能力和转移知识的能力。随机访问教学包括以下五个流程。

①展示基础情境。教师让学生接触和当前学习主题有关的情境。

②随时介入学习。教师通过激发学生的自主学习能力来让学生挑选材料和有关当前学习主题的情境。

③拓展思维练习。随机访问教学包括的复杂的学习材料对学生的思考力提出了较高的要求。首先，教师提出有利于提升学生的认知力的问题，并和学生发生互动。其次，教师要通过特定的问题了解学生的思想特征。最后，教师要重视学生的发散思维力的养成。

④组内组间合作学习。教师通过创设一定的情境，在学生中间开展组内商讨。在这个过程中，教师和学生的观点都被揭示出来，并影响着彼此，最后形成反馈。

⑤学习后果评判。评判方式包括小组评判和自身评判。

综上所述，建构主义学习尽管形式各不相同，但都包括情境创新、协同学习等教学环节，这是学生获得知识和建构意义的基础，这取决于建构主义的学习环境。

二、心理学理论

（一）最近发展区理论

20世纪30年代初，苏联心理学家维果茨基（Vygotsky）提出了最近发展区理论，该理论是基于对如何解决儿童自然成长和成人教学之间的关系的研究和对社会建构主义理论的思考。这一理论关注儿童发展的某个阶段在有指导情况下，通过成人的帮助所能达到的解决问题水平（潜在发展水平），与儿童在没有指导和成人帮助的情况下，独立活动所能达到的解决问题水平（现实发展水平）之间的差距。该理论强调了儿童发展过程中与成人或同伴的互动，旨在探索儿童潜在能力的发展。该理论研究的核心思想包括两个水平和三个区域。

1. 两个水平

在展开教学活动之前，教师有责任辨识出儿童发展的两个水平。

第一种水平是儿童现有的发展水平，是儿童通过先天性或者偶然性自然成长所形成的稳定的内部心理机能，在独立解决问题时会表现出来。

第二种水平是儿童潜在的发展水平，是还在发展的内部心理机能，这种能力是儿童在与同伴的共同合作中或在成年人的引导下或所展现出的解决问题的行为。

最近发展区是指儿童现实发展水平和潜在发展水平之间的差距，它代表了儿童可能的发展范围。根据这个理论，教育从业者需要准确了解儿童目前的能力水平，并为他们找到潜在发展方向，确定最近发展区，设计相应的教学过程，引导他们朝着更高的潜在发展区发展。这一理论强调了教学在儿童成长过程中不可替代的先导性作用。教师在这个过程中扮演着关键角色，帮助他们发现和挖掘的潜力。

2. 三个区域

教育的初始阶段聚焦于孩童的当前发展阶段，即在正式接受教育之前所形成的认知水平。儿童的现有发展区即第一发展区域，这正是教学的原点，教育者需要基于对孩童当前发展阶段的了解，才能够进行恰当的教育活动。如果最初的课程难度超过了学生的现有发展区域，就会导致学生无法理解课程内容，进而挫伤学生的学习积极性，最后无法实现教学目标。反之，如果最初的课程难度远远低于儿童的现有发展区，就无法激发他们的学习动机，从而导致无效教学。

第二种发展地域是与儿童现阶段认知能力相符的发展区域，也就是所谓的最近发展区。教师为保证教学效果，需要依据儿童的最近发展区来设置课程难度。

由于个体差异，每个人所拥有的最近发展区也有所差异。

儿童在未来能够抵达的认知水平，即能力尚待开发的空间领域，就是第三发展区。具有不可确定性。教师即使通过某种教学活动，使得儿童到达了最近发展区，但是仍然不能到达未来发展区。

3. 儿童发展水平转化生成的动态性

教师应以儿童的现有发展水平为教学起点，在设计课程时，要着重关注最近发展区域，力求使儿童达到他们的潜在发展水平。通过设计适应儿童潜力的教学内容和活动帮助他们扩大现有发展水平的范围，并将潜在发展水平转化为他们的现实发展水平。这样，就为儿童创造了一个新的最近发展区域，可以在其中进行更进一步的教学。这个过程中，儿童的最近发展区域将是一个不断变化的区域，他们会向着第三个区域——未来发展区不断迈进。这样的教学过程能够促进儿童的发展和成长。

（二）认知同化学习理论

美国认知教育心理学家戴维·保罗·奥苏贝尔（David Pawl Ausubel）基于对传统学习理论的批判，提出了认知同化学习理论。该理论的基本观点如下。

1. 认知同化的概念

新信息和已有知识只有发生相互作用，新信息才会对学生产生意义，学习效果才会令学生感到满意。这种新信息和已有知识之间的相互作用其实就是同化，因此学习就是已有知识同化新知识的过程。

2. 有意义学习

奥苏贝尔根据学生现有知识与学习材料之间的联系，将学习分为机械学习和有意义学习。当学生能够自然地将新学习材料与他们已有的知识进行联系和关联时，这就是有意义学习。在有意义学习中，学生能够理解新的概念和信息，将其应用于实际情境，并与之前的知识进行融合和扩展；在有意义学习中，学生已有知识同化了新信息，新信息进入学生的认知结构中，成为学生的知识，从而使学生的认知结构发生改变。有意义学习的实现，可以建立在内部条件和外部条件的基础上。

第一，内部条件。学生必须具有有意义学习的愿望，表现为将新知识与认知结构中已有知识进行联系的主动性。此外，学生认知结构中具有能够同化新知识的知识基础，这是有意义学习的起点。

第二，外部条件。必须确保所选取的材料与学生已有的认知内容能够相互关联，并具有逻辑意义。

由此可见，为了激发学生对新领域知识的探索，首要任务应该是协助他们加深对旧知识的理解，让这些知识能够与新的知识领域产生有意义的联系。

3. 成就动机

奥苏贝尔不仅承认学习动机对学习的巨大影响，而且十分重视成就动机，也就是学生想要提高成绩的愿望。成就动机的核心推动因素由认知驱动力、自我增强驱动力、附属驱动力三方面构成。

认知驱动力的核心在于学生具有对知识的热切追求，以及准确解决问题、合理论述问题的惯性趋势。为了提高学生的认知驱动力，教师应该让新的学习内容与学生认知结构之间有适当的距离。

自我增强驱动力可以指关注远期的职业生涯，也可以指追求近期的学业成绩。这是因为近期的学业成绩在很大程度上决定了未来的职业发展。学生担心学业失败会导致失去社会地位和自尊，这种焦虑感促使他们提高自我增强驱动力。自我增强驱动力的产生源于学生希望通过才能和成就获得社会地位的心理倾向。因此，自我增强驱动力既与未来的职业发展密切相关，也关乎眼前的学习成绩。

附属驱动力是指学生为得到周围人的肯定而学习的需要。

4. 学习组织

奥苏贝尔认为应该知道的知识与需要知道的知识之间往往隔着一段距离，因此提出了两大学习组织的原则。

第一个原则是逐渐分化原则。该原则认为在学习新知识时，学生先学习一般的、概括性最强的概念，再根据法则逐渐分化，这主要是针对下位学习。奥苏贝尔认为演绎性获取比归纳性获取更省时省力，并且持续性更好。

第二个原则是整合协调原则。该原则认为学生需要通过新知识和已有知识的比较来寻找二者之间的区别和联系，使得新知识在进一步分化的同时，实现新知识和已有知识之间的整合。这主要是针对上位学习和组合学习。

为了贯彻逐渐分化和整合协调的原则，奥苏贝尔提出了先行组织者策略。在学习新知识前，教师应该先向学生呈现一些概括性高于新知识、容易被学生接受的引导性材料，使最能与新知识建立联系的观念植入学生的认知结构中，学生利用这些观念来建立新旧知识间的实质性联系。这些引导性材料就是所谓的组织者，由于这些组织者通常是在正式教学之前呈现，所以又被称为先行组织者。

第二节　翻转课堂在英语教学中应用的可行性

翻转课堂模式从理论研究到应用实施，中间经历了很长的一段过程。如今，翻转课堂模式已在全世界教育领域产生巨大反响，其最后的应用落地就已经表明了它的可行性。

一、翻转课堂符合英语学科特点

高校英语教学的目标不仅在于夯实学生的英语知识基础，更在于提高学生的英语综合应用能力。英语综合应用能力包括听、说、读、写四个方面的能力。这些能力的提高仅仅依靠课堂有限的教学时间，是很难完成的。在传统高校英语教学的背景下，学生缺乏运用英语的环境，也没有运用英语的时机，课下又缺少教师的监督和指导，根本谈不上语言的运用。

翻转课堂在高校英语教学中应用后，课堂时间就成为运用英语的时间，教师通过举行各种互动活动（如情境对话、角色扮演、小组讨论、英语演讲等）来促进学生进行英语交流，这就有力地锻炼了学生的听力能力、英语语言表达能力，符合高校英语的学习特点和发展需求。

二、翻转课堂知识建构的转变

传统的高校英语教学模式关注的是教学目标的达成，但是翻转课堂更关注学生的兴趣和发展。在翻转课堂中，学生在课外和课内都处于良好的学习状态，时刻在学习，英语学习不再呈现固定、死板、僵化的形象。事实上，翻转课堂是对传统教学模式的翻转。翻转课堂中的学生围绕核心知识进行学习，拓展知识广度，增加知识深度，建构自我化、个性化的知识体系，发展了自主学习能力，通过培养自己的兴趣来构建自己的英语学习模式。

三、教学环境可以达到实施翻转课堂的条件

信息技术为翻转课堂的实施提供了良好的教学环境。如今，各种电子产品琳琅满目，手机、电脑等电子产品都是大学生生活中常见的事物，这些电子产品可以成为大学生学习英语的工具。此外，大学纷纷踊跃建立电子阅览室、校园网、自主交流学习平台，这些也使得大学生有更好的客观条件去进行英语学习。另外，

网络通信技术如微信、QQ 等交流方式的普及，也为翻转课堂的开展提供了软件支撑。同时，网络英语教学资源取之不尽、用之不竭，学生课前除了可以观看教师录制的视频课程，还可以通过听播客、阅读英文电子书、观看英文电影或者访问英文学习网站进行个性化英语学习，这在拓宽学生知识面的同时，提高了教学质量。

总之，信息技术为翻转课堂的实施提供了设备和技术等支持，有利于学生的英语自主学习以及英语交流。

第三节　翻转课堂在英语教学中应用的流程

翻转课堂作为一种颠覆传统课堂的教学模式，其教学设计过程当然不同于传统教学设计过程。虽然国内外出现了各种各样的翻转课堂教学模式，但它们都建立在课程资源、教学活动、教学评价和支撑环境这些要素的基础之上，因而翻转课堂教学模式的设计也是以此为依据的。

一、翻转课堂模式下的高校英语教学过程设计

高校英语教学的翻转课堂设计流程如图 3-3-1 所示。

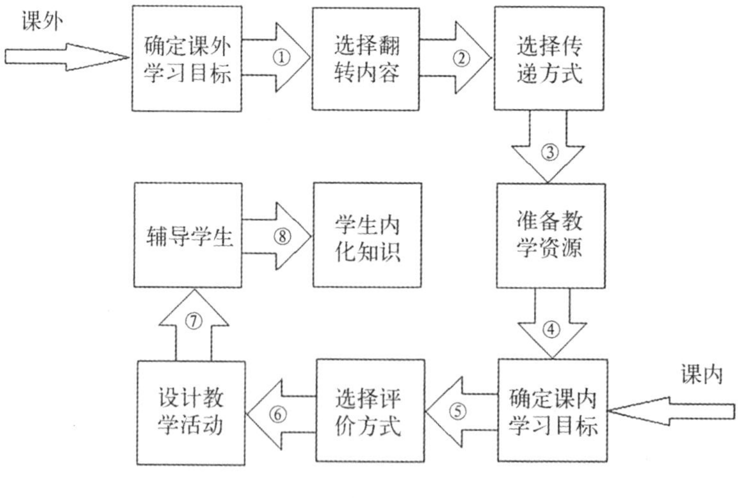

图 3-3-1　翻转课堂的设计流程

翻转课堂的设计过程主要包括确定课外学习目标、选择翻转内容、选择传递

方式、准备教学资源、确定课内学习目标、选择评价方式、设计教学活动、辅导学生八个主要环节。

（一）确定课外学习目标

翻转课堂模式下高校英语教学过程的设计首先要确定学生的学习目标。翻转课堂使得课内教学和课外教学相互颠倒，学生总共需要完成两次知识内化过程，第一次知识内化是在课外自主学习新知识，第二次知识内化是在课内完成的。显然，课内和课外对学生的要求是不同的，学生需要在课内外实现不同的学习目标。学习目标的确定要注意以下原则。

1. 阐述具体变化

在阐述学习目标时，应该重点强调学生在完成学习任务后行为或能力上发生的变化。

（1）认知领域教学目标

认知领域教学目标应该包括行为、条件和标准三个基本要素。在教学设计的实践中，有必要在三要素的基础上加上对教学对象的描述，进而将学习目标的基本要素简称为 ABCD 模式。

A——对象（audience）：阐明教学对象。

B——行为（behavior）：说明通过学习以后，学生应该做什么，也就是行为的变化，较多使用知道、了解、理解、掌握、应用等动词进行描述。

C——条件（condition）：说明上述行为在什么条件下产生。

D——标准（degree）：规定达到上述行为的最低标准，即达到所要求行为的程度。

（2）情感领域教学目标

上面阐述的是认知领域学习目标，除此之外，还有情感领域教学目标，它包括形成高尚的道德品质、培养学生的某些态度、养成某种良好的习惯以及认同某种观念等。情感领域的教学目标更多地体现在思想意识形态上，与上述的认知领域学习目标有很大不同，运用上述 ABCD 目标编写方法是非常困难的。因此，情感领域教学目标需要通过思想意识的外在表现来进行阐述。通常是将学生的具体言行视为思想意识的外衣，要判断学习目标是否达到，只要观察学生是否具备某种言行就可以。例如，当学习活动结束时，学生将节约的零花钱储存起来，则表明学生有了勤俭节约的意识；又如，学生不再乱扔垃圾，当看到地上有垃圾时会弯腰捡起，则表明学生养成了爱护环境的习惯。在上述例子中，学习目标编写者通过观察学生是否储存零花钱和是否乱扔垃圾的具体行动来判断学生是否具有某种态度或责任。

2. 可实现

学习目标的制定往往要考虑学生的年龄、认知规律、知识水平等因素。不同年龄的学生，认知规律和知识水平各不相同，那么对于不同的学习活动最后所能达到的学习结果肯定也不会相同。所以，在制定学习目标的时候往往要考虑学生是否能达成事先预设好的学习目标。为此，我们也可以将学习目标划分成不同领域的不同层次，以供不同学习水平的学生使用。

布鲁姆等学者最早进行了关于教学目标的分类研究，他们将教育目标分成三个领域，即认知领域、情感领域和动作技能领域。

布鲁姆早期的学生安德森（Anderson）和克拉斯沃尔（Krathwohl）于 2001 年在《学习、教学和评估的分类学》一书中，修改了布鲁姆的教育目标分类，修改情况如下。

①把认知领域按智能特性的复杂程度修订成记忆、理解、应用、分析、评价与创造六个层次。

②把情感领域分为注意、反应、价值判断、组织化和价值五个水平等级。

③把动作技能领域按肌肉与神经所要求的动作协调程度分为模仿、操作、精确和连接四个水平等级。

布鲁姆认知分类以及修订后的布鲁姆认知分类分别如图 3-3-2 和图 3-3-3 所示。

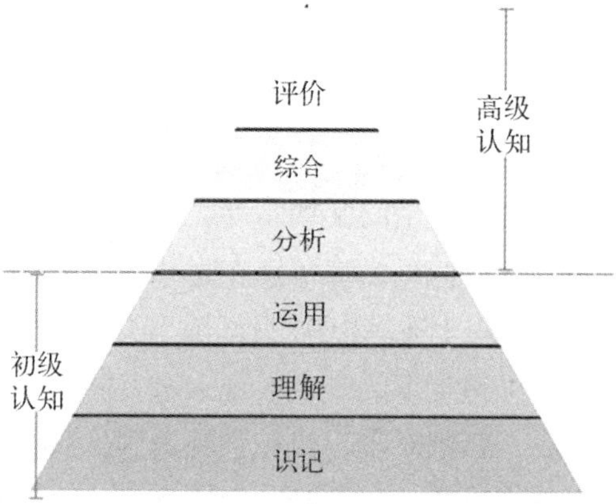

图 3-3-2　布鲁姆认知分类

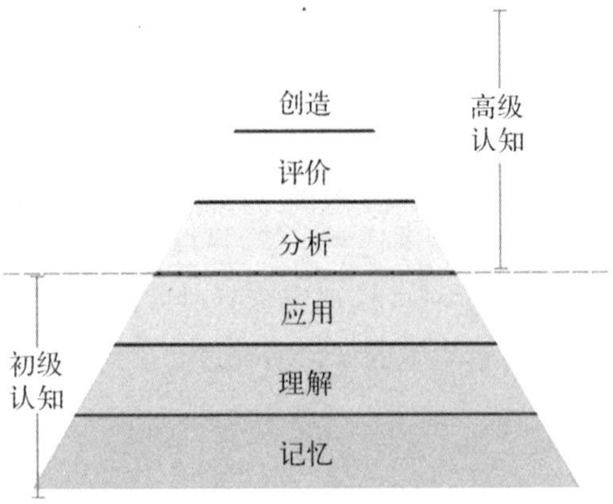

图 3-3-3　修订后的布鲁姆认知分类

认知领域中六个水平等级相应的学习目标范围和数字时代的常用行为动词的情况如表 3-3-1 所示。

表 3-3-1　认知领域的学习目标范围和数字时代的常用行为动词

学习目标范围	数字时代的常用行为动词
记忆：对个别事物和同类事物的记忆，对有关方法和过程的记忆，或对形式、结构和背景的记忆	指出、列举、描述、确认、想起、指明、定位、找出、指出重点、强调、添加书签、添加社会网络书签、添加星标、搜索、谷歌搜索等
理解：对知识的掌握，将知识内在化和系统化	阐述、总结、推断、释义、分类、对比、解释、举例说明、高级搜索、逻辑搜索、发表博客日志、分类和加标签、批注和注释、订阅等
应用：在各种特定的、具体的情境中使用抽象的概念、原则和理论	实施、实行、使用、执行、运行、读取、播放、操作、破解、上传、分享、编辑等
分析：将知识分解为各个因素或部分，使得各相关层次更为清楚，各部分关系更为明白	对比、组织、拆析、归因、找出要点、发现、建构、整合、混合、链接、反编译、破解程序、媒体剪辑和回执思维导图等
评价：能对用来达到特定目标的材料和方法，给予价值的判断	检查、假设、评论、实验、判断、测试、察觉、监督、博客评论、评述、发表、仲裁、合作、建立网络关系、反馈、测试软件、验证等
创造：将各个元素或部分加以组合形成一个整体，包括安排和结合各个片段、部分或元素以构成一种新的形式或结构	设计、建构、计划、生产、发明、制作、规划、拍摄、动画模拟、发表博客、发表视频、视频合成、视频编辑、编辑维基百科、发表作品、发表播客、指导、制作、创建和编译混搭型网站等

需要特别注意的是，翻转课堂的课外学习目标一般是初级思维层次，如记忆、理解和应用。

3. 可测量

教师所制定的学习目标必须是可测量的。如果一种学习目标无法测量，就无法判断学生是否通过参加学习活动达到了学习目标，也就无法进一步判断学生的学习成效如何。所以，每个学习目标都应该有对应的评价问题或评价活动设计，并且有相应的评价工具去收集学生的学习情况。

（二）选择翻转内容

当确定了翻转课堂的课外学习目标后，就要结合学生本身的认知规律和特点去选择课外自主学习的合适内容。课外学习目标主要是低阶思维的目标。翻转课堂内容选择表如表 3-3-2 所示，教师可以通过填写表格明确并选择合适的学习内容用于翻转课堂。

表 3-3-2　翻转课堂内容选择表

	课程活动内容	运用的课程概念、主题和活动
课外低阶思维技能	学生很容易能掌握的课程内容	
	学生在课外（作业）借助教师的一点指导就能学得很好的课程内容	
	需要通过直接的教学或一对一辅导才能学好的课程内容	
	不一定需要教学活动，但需要教师在课外进行演示才能更好掌握的内容	
	学生自身较难掌握的课程内容	
	很紧急却不够时间将学生教好的课程活动	
课内高阶思维技能	需要教师在课内准备但要在课外完成大量任务的实践活动	
	需要教师在课内进行讲授和引导，学生才能完成的课程内容	

（三）选择内容传递方式

选择内容传递方式是指确定学生的自主学习内容通过什么媒体工具表现出来。教师要结合持有的接收设备情况、学生的地理位置、学习内容的形式和资源大小等因素，选择方便学生开展个性化学习，且传递内容形式丰富、传递速度快、获取方便的内容传递方式。媒体工具主要分成两类：一类主要是用来传播第一类资源的系统工具，如各种网络教学平台、学习管理系统、交流通信平台、各种网络终端等；另一类主要是用于承载自主学习内容的媒体资源，如文字、图片、视频和动画等。

（四）准备教学资源

在确定了学习内容及其传递方式后，就可以搜集相关的网络学习资源供学生学习，或者开始制作、开发新的相应的学习资源。在该环节中需要注意，无论是利用已有的学习资源还是自己开发新的学习资源，均须与先前确定的学习内容保持一致，并且资源的形式、大小等要求也须和传递工具相匹配。

（五）确定学生课内学习目标

第一环节确定的是课外学习目标，是针对低阶思维技能的学习目标。本环节确定的是课内学习目标，是针对分析、评估和创造等高阶思维技能的目标。因为在课外学生能参与的更多的是培养其识记、理解和应用等能力的学习内容，而在课内学生是与同伴和教师面对面地交流、讨论和开展协作探究等活动。所以，这一环节的学习目标与第一环节的学习目标有所不同。

（六）选择评价方式

在教学正式进行前，教学中的主体和主导者，即学生和教师都要对课堂教学活动提前做好充分的准备。

对于教师而言，选择一种合适的评价方式非常重要。低风险的评价方式应该是教师的理想选择，它是指不对学生的评价结果进行分数、等级的评比，而仅作为发现学生学习问题的一种教学评测方式。通过低风险的评价方式，教师可以发现学生学习真正的难点，以便教师和学生调整教学计划和学习计划。

低风险的评价方式有很多，其中一种就是常用的课前小测验，这些小测验的题目量并不多，一般只有 3～4 个问题，针对的内容是学生在课外自主学习的内容，其不仅是检测学生在课前学习的事实性知识，更重要的是为学生提供一个综合应用所学知识的机会。通过课前小测验，教师能及时把测验中出现的问题反馈给学生，学生也可以向教师提出自身遇到的问题，并通过与教师交流促进问题的解决。

（七）设计教学活动

如前文所述，课外的学习内容和活动主要帮助学生解决识记、理解类的知识，在课内则是帮助学生解决学习难点，并充分应用所学知识，学习更深层次的内容。

当通过课前评价了解到学生真正的学习难点后，教师应有针对性地设计具有导向性的课堂教学活动，以便更好地培养学生分析、评估和创造等高阶能力，可采用如基于项目的学习、基于问题的学习、协作探究学习等形式。

（八）辅导学生

教师作为教学的主导者，在各种形式的教学活动中都要充分发挥自身的主导作用，只有这样才能取得良好的教学效果。具体而言，在对学生进行教学活动时，教师需提供相应的脚手架，为学生更好地开展活动提供必要的支持。另外，在必要的时候，教师还应该对某些理解学习内容和活动有困难的学生提供个性化的辅导。在整个学习活动中，教师需给提出疑问的学生进行及时的反馈，在学生汇报学习成果或学习结束后，教师要进行统一的总结反馈，以促使学生进行知识的内化和升华。

二、翻转课堂模式下的高校英语教学资源设计

（一）支持翻转课堂的信息化教学资源

广义的教学资源是指用于教与学过程的设备和材料，以及人员、预算和设施，包括能帮助个人有效学习和操作的任何东西。而随着信息技术的发展，信息化教学资源的概念应运而生，它是指在以网络和计算机为主要特征的信息技术环境下，为教学目标而专门设计的或者能为教育目标服务的各种资源，包括教育环境资源、教育人力资源和教育信息资源。

随着信息化资源的发展与教育应用，翻转课堂教学理念才得以提出。从上述翻转课堂的完整过程可知，支持翻转课堂需要用到的信息化教学资源主要包括教学视频、进阶练习、学习任务单、知识地图和学习管理系统五大类，具体各类资源的作用、特点和实例如表 3-3-3 所示。

表 3-3-3　信息化教学资源的作用、特点和实例

类型	作用	特点	实例
教学视频	教学视频是翻转课堂的重要组成部分，主要用于翻转课堂的课外学生自主学习部分，是课外学习内容的主要载体	①可支持学生自定步调地学习，具有快进、快退、暂停、播放等功能 ②配有相应的学习指导和动态测验	微课、大规模在线开放课程（MOOC）、网络视频等
进阶练习	进阶练习是一种基于标准的评价方式，常与教学视频配套出现，学生学习一段视频后要进行相应的测验，答对才能继续学习下一段视频，其主要目的是帮助学生检测学习目标的达成情况	①是一种非正式的评估方式 ②题目常采用由易到难的进阶方式 ③一般可分为概念辨析、熟练练习和应用拓展三种题型 ④具有达标性，帮助学习者达到某一学习标准	可汗学院进阶练习等
学习任务单	学习任务单是翻转课堂中用于辅助学生进行课前自主学习的学习指导书，一般以问题导向的方式突出课前学习内容的重难点知识，指引学生在解决问题的同时把握学习的重难点，并达到知识梳理的目的	①明确学生的课前学习任务、目标要求，指导学生的自主学习行为 ②一般包含学习指南、学习任务、问题设计、建构性学习资源、学习测试等内容	一般以表单的形式出现
知识地图	知识地图是翻转课堂中教学视频的知识体系，其依据教学目标和学习需求，将教学视频有机组织起来，呈现知识之间的关联，按照学科的逻辑与循序渐进的教学原则，指导教师循序教学	①可视化的知识体系呈现界面 ②包括概念型、流程型和能力型三种类型的知识地图 ③为学生自主学习提供学习路径	可汗学院的知识点知识地图
学习管理系统	学习管理系统在翻转课堂教学中主要起到资源共享、交流讨论、学习过程追踪、分析和记录的平台支撑作用	①支持教学视频的上传、播放 ②支持开展各类评估测验 ③支持师生和学生之间的双向交流互动 ④支持学习数据和评测数据的自动收集、记录、分析和统计	数位教学平台、学习活动管理系统等

翻转课堂教学模式的实施，不仅需要上述教学资源作为主要资源，还需要借助一定的教学辅助工具软件，该类教学资源几乎贯穿翻转课堂的全过程，其作用主要是帮助教师进行教学视频的制作、交流协作的开展、学生学习成果的展示等。按照作用于翻转课堂教学开展过程中的不同方面，可以将教学辅助工具分为视频

制作工具、交流讨论工具、成果展示工具和协作探究工具四类，常用的工具如表3-3-4所示。

表 3-3-4　支持翻转课堂的教学辅助工具

类型	工具
视频制作工具	喀秋莎录屏软件、屏幕捕获工具等
交流讨论工具	QQ、微信、微博、聊天室等
成果展示工具	演示文稿、电子文档、思维导图、博客等
协作探究工具	谷歌文档、维基空间、互动仿真实验程序等

（二）资源选择原则

翻转课堂的资源包括教学视频、进阶练习、学习任务单、知识地图、学习管理系统和各类教学辅助工具等。每一类资源都不是完美的，不存在放之四海而皆准的资源。每类资源都各具特点，并且每类资源可供选择的具体资源种类、载体类型众多，因此教师应根据教学实际需要选择合适的翻转课堂的教学资源。一般而言，翻转课堂教学资源的选择需遵循以下原则。

1．最优选择原则

教师根据教学内容和教学目标的要求，选择存储和传递相应教学信息并能直接介入教学活动过程中的载体，就是选择教学资源。媒体最优选择决策模型如图3-3-4所示。

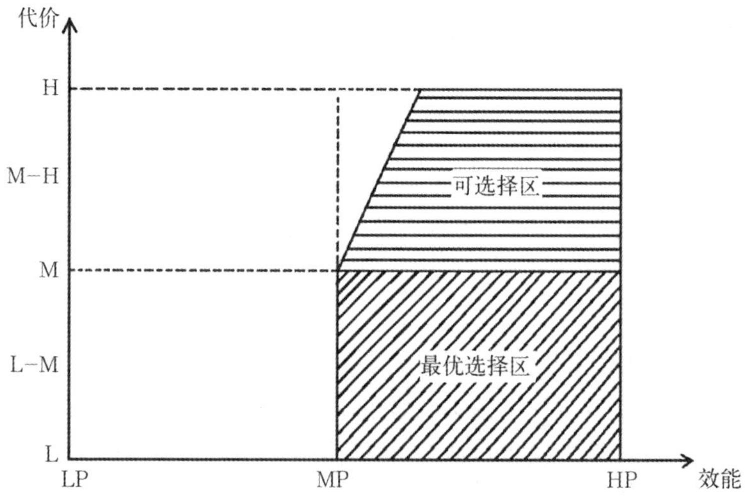

图 3-3-4　媒体最优选择决策模型

图中，纵坐标表示使用媒体须付出的代价，包括制作成本、维护条件、耗费时间等，L 表示最低，M 表示中等，H 表示代价最高；横坐标表示媒体的效能，即媒体在完成教学目标中所能起作用的大小程度，LP 表示低效能，MP 表示中等效能，HP 表示高效能；斜线区域表示以较低的代价（由 L 到 M）可获得较高的效能（由 MP 到 HP）的最优选择区；横线区域表示虽然代价较大（由 M 到 H），但其效能也较高（由 MP 到 HP），属于可选择区。根据媒体最优选择决策模型，应该首选低代价、高效能的资源。

2. 具有较强兼容性

当众多便携式的移动智能终端在高校英语教学中广泛应用以后，高校英语教学不仅变得更加高效，也发生了一场变革。在这种情形下，翻转课堂理念变得普及起来，翻转课堂的应用也得以在大范围内开展。翻转课堂实施的普遍现象是，学生利用各类移动设备，如平板电脑、智能手机等进行课外自主学习，课内教师利用移动终端设备进行授课。因此，资源载体的改变，迫使资源的形式也做出相应的改变，要求其必须兼容各类学习终端设备，在各类终端设备中都能流畅运行。

3. 多种媒体组合

翻转课堂教学模式真正做到了以学生为中心，这对后期的教学资源的选择也有着一定的指导作用。在选择教学资源时，教师应该考虑学生的兴趣、生活现实，尽可能选择丰富的教学资源形式，即有机结合文字、图片、声音、视频、动画等多种媒体形式。

三、翻转课堂模式下的高校英语教学活动设计

根据前面所述的翻转课堂的完整过程，翻转课堂教学活动设计包括课外活动设计和课内活动设计两个部分。

（一）课外学习活动设计

翻转课堂的课外学习活动一般属于线上活动，主要包括以下几类。

1. 在线学习

在课外，学生通过阅读相关的电子书籍、资料或观看教师提前准备好的讲授视频，理解并掌握课程中重要的信息。在线学习主要有阅读电子教材和观看教学视频两种形式。有时为了加深学生对信息的理解，在线学习的材料还附加一些引导性问题、反思性问题、注释、小测验等，用于辅助学生进行自主学习。

2. 交流讨论

通过在学习管理系统中开辟一个专门的讨论区，或借助专门的在线交流工具，教师和学生可以以课外学习内容为主题展开交流和讨论。讨论主题既可以是教师预设的，也可以由学生创设。这样以来，一种师生在线辅导和学生自组织学习的学习模式就形成了。借助这种学习模式，学生掌握学习内容的速度较快，并且掌握的层次较深，从而为课内的学习活动做好准备。

3. 在线测评

在学生完成了新的学习任务后，可以进行在线测评。在线测评一般采用低风险、形成性的评价方式，不仅检验了学生的学习成果，还提供了一个学生反馈问题的机会。通过在线测评，教师和学生可以在课内教学活动开展前针对问题提前做好准备。

（二）课内学习活动设计

根据翻转课堂的特点，影响翻转课堂教学效果的最大因素是如何通过课堂活动设计完成知识内化的过程。在设计课堂活动时，关键要看情境、协作、会话等要素是否有利于学生主体性的发挥，从而促使学生获得高级思维能力。课内学习活动一般可以分为个体学习活动和小组学习活动。

1. 个体学习活动

个体学习是指个体在行为过程中和通过行为的结果获得新的知识或技能。理论知识的学习、间接经验的感受，或者亲身实践都可以促成个体学习的发生。个体学习活动是在学生完成第一次内化的基础上，教师通过多样化的合作协调活动，指导学生完成知识的第二次内化。个体学习活动主要有课堂练习、绘制概念图、个体基于问题的学习等，具体如表 3-3-5 所示。

表 3-3-5　课内个人学习活动

类型	描述	作用
课堂练习	课堂练习是一种非正式的学习评价方式，通常在课堂上进行。由于主要用于检测学生对知识点的掌握程度，因此题目容量较小。	课堂练习通常在课堂开始时用于检测学生对之前学习内容的第一次内化效果，或者在课堂进行中用于检测学生对新学习内容的第二次内化效果。这些练习可以是小测试、问答、练习题等形式，旨在评估学生对知识的理解和应用能力。

续表

类型	描述	作用
绘制概念图	概念图是一种图示方法，用节点代表概念，用连线表示概念之间的关系。它被用来表达知识中的概念之间的关系，并将个人思维过程可视化。	通过绘制概念图，学生能够构建和完善自身的知识体系，帮助自己建立已有知识和新知识之间的联系。通过绘制概念图，学生可以将不同的概念以节点的形式表示，然后使用连线来显示概念之间的关系和连接。这种可视化的表示方式帮助学生更清晰地看到概念之间的联系，并将它们组织成一个更有条理和结构化的整体。通过构建概念图，学生能够将抽象的概念变得更具体和可视化，从而提升学习效果。概念图的可视化形式使得学习更加有趣、直观，并且可以随时回顾和修改，加深记忆和巩固学习成果。
个体基于问题的学习	基于问题的学习强调将学习置于复杂而有意义的问题情境中。个体基于问题的学习通过将学习置于具有挑战性和意义的问题情境中，促进学习者的实践和主动参与，培养个体解决问题和自主学习的能力，适用于个体学习和小组合作学习。	在基于问题的学习中，学生通过解决实践过程中遇到的问题来提高自主学习能力。教师在这个过程中扮演着重要的角色，他们需要帮助学生解决问题，并给予及时的反馈。 基于问题的学习旨在提高学生的自主学习能力。通过解决实践中的问题，学生不仅掌握了特定的知识和技能，还培养了批判性思维、创新能力、合作与沟通技巧等重要的学习能力，能够为他们未来的学习和工作打下坚实的基础。

2．小组学习活动

团体合作学习小组作为教学活动的基本表现形式，它有赖于教学中动态因素之间的积极互动。教育目标的实现将以团体成绩作为评价标准，旨在有系统地实现教学目标。

由于个体差异的存在，每个学生个体都带着独特的知识信息参与合作学习过程，通过共享、论证、协商、创作和反思等一系列交流活动，获得了对知识的新的更深刻的认识。这个认识不是简单的小组内所有成员认识的相加，而是一个“1 + 1 > 2”的认识，实现了知识的升华。课内小组学习活动有很多类型，如表 3-3-6 所示。

表 3-3-6　课内小组学习活动

类型	描述	作用
思考(think)－配对(pair)－分享(share)	抛出一个课外学习内容中的中心概念或者在之前评测过程中暴露出来的具有争议性的问题让学生进行思考讨论 think 阶段：学生针对提出的问题单独进行思考，并把想法写下来 pair 阶段：与一个同伴讨论彼此的想法 share 阶段：扩大讨论范围，并让部分学生展示讨论的结果	该活动主要引导学生对某一主题展开讨论，并在与同伴交流的过程中，构建和完善自身的知识体系
接力循环	类似头脑风暴的一种循环发言式的交流讨论活动，小组成员针对某主题进行头脑风暴，每个人都有机会围绕讨论主题利用一个词或一句话表达自己的观点想法。当所有人都发表意见后，再对这些意见进行归纳总结，从而形成最终结论或观点	通过该活动让每个学生都参与讨论交流，并形成对某一主题或问题的初步的意见或观点，以此作为铺垫，为接下来更深层次的活动做准备
即时反馈评价卡片	即时反馈评价卡片中记录了相关的问题和答案，学生只有刮卡片的特定区域才能知道问题的答案。教师预设好卡片，学生先单独思考卡片的问题，但不能看答案。等到小组成员经过讨论协商出统一的答案后，再揭示卡片中的答案，检测讨论的结论是否正确	即时反馈评价卡片学习活动是验证课外学习成效的一种方式。这样的活动保证了学生之间充分的交流讨论，同时也加深了其对知识点内容的认识和理解
玻璃鱼缸讨论	将班级学生分成两部分，一部分是一个 3～5 人的小组，其余的学生作为另一部分。小组围成一个内圈进行讨论，教师在必要的时候可以参与其中的讨论，其余的学生则在小组外围围成一个外圈，在倾听内圈小组成员讨论的同时，对讨论的内容和逻辑关系做笔记，最后彼此之间开展讨论，或对内圈小组的讨论给出有建设性的反馈意见	通过自由讨论，能最大限度地激发学生的交流兴趣，引发学生对知识内容的思考，从而加深学生对学习内容的认识和理解
访谈法	两人组成一个小组，彼此提问课外学习内容中的知识点。之后，两人总结彼此的回答，并将总结的内容与其他的小组进行交流讨论	通过访谈法，两人互相提问和回答，在一问一答之间，问的人复习巩固了所学，答的人也检测了自身的学习成果，起到了查漏补缺的作用

续表

类型	描述	作用
角色扮演	翻转课堂内学生扮演不同视角的角色，并代入扮演的角色，用角色的视角去思考问题，在这样的情境下展开讨论	通过角色扮演，帮助学生从不同的视角对一个主题进行思考，加深学生对该主题内容的认识和理解
心口合一解决问题	教师呈现一个较为复杂的问题情境，学生两人一组，其中一人根据课外所学的知识向另一人解释解决问题的方法和步骤，另一个人则对不懂的地方提出疑问或者在对方遇到困难时，偶尔帮助对方，提出问题解决的方法。当问题解决时，两人的角色对调，重复上面的过程	通过这样的方式，加深学生对课外所学知识的理解，同时培养学生分析问题以及应用所学知识的能力
协作探究	教师呈现一个基于真实情境的、与主题相关的问题或案例，并提供相应的脚手架辅助学生解决问题。学生分小组进行探究学习，借助课外所学的知识提出解决问题的方法	这一类活动有助于考查学生对所学知识的理解、分析、评价和应用等多方面的能力，并在无形中提升了学生的分析、评价和创造能力

四、翻转课堂模式下的高校英语教学评价设计

翻转课堂的评价体制与传统课堂完全不同，具体如下。

（一）教学评价的分类

在翻转课堂教学模式中，评价应该由专家、学者、老师、同伴以及学生共同完成。翻转课堂的评价要真正实现定量评价和定性评价、形成性评价和总结性评价、对个人的评价和对小组的评价、自我评价和他人评价之间的良好结合。常见的教学评价如下。

①诊断性评价，指在某项教学活动开始之前对学生的知识、技能以及情感等状况进行的预测。

②形成性评价，指在某项教学活动过程中，为更好地达到教学目标而进行的评价。

③总结性评价，指在教学活动告一段落后，为了解教学活动的最终效果而进行的评价。

（二）支持翻转课堂的评价活动

翻转课堂的教学评价关注的是对学生学习情况的鉴定、调节。通过翻转课堂的评价，教师能够了解学生真正的学习难点，从而以此指导课内教学活动的设计。翻转课堂的评价也非常关注学生的学习过程，如学习安排、学生的问题选择、独立学习表现、小组学习表现、结果表达和成果展示等方面。翻转课堂中常用的评价形式主要有以下几种。

1. 在线测试

在线测试主要是通过网络技术进行学习效果的检测。网络平台能自动收集学生的测试结果，并能自动完成测试批改和分析等工作。根据翻转课堂的学习目标，可以采用的在线测试形式有低风险的自我评价、在线测验等。

①低风险的自我评价。它主要用来帮助学生判断自身对自主学习内容的理解程度，是一种能快速反馈的评价方式。

②在线测验。它以单项选择、多项选择和填空题为形式，主要考查学生对学习内容的识记和理解。

2. 课堂概念测试

这是一种简短的、具有针对性的非正式学习评价方式，通常针对一个知识点设置 1～5 道多选题，学生通过举手、举指示牌或按选择器回答问题。课堂概念测试的主要目的在于获得学生对当前讲述知识点的理解程度，以便教师进行教学调整。这是一种低风险的评价方式。

3. 概念图评价

概念图是一种用节点代表概念、用连线表示概念间关系的图示法。它能反映出学生的思维与知识点之间的关系。例如，教师可以针对课外学习内容给出一幅不完整的概念图，让学生填补空缺的概念及概念间的逻辑关系，以此了解学生对所学概念的掌握程度，并适当地安排进一步的教学活动，加深学生对某些薄弱概念的理解。

4. 同伴评价

同伴评价是由合作学习的同伴之间做出的评价。它有利于学生更好地参与到小组学习活动中，能够培养学生的合作精神。

（三）常用的评价工具

教学评价往往借助评价工具来收集资料。以下是翻转课堂评价常用的一些工具。

1. 结构化观察表格

结构化观察表格是人们通过感觉器官或借助一定的仪器，有目的地对自然状态下的现象进行考察的一种方法。这种方法主要用来收集学生的学习行为反应信息。

2. 态度量表

态度量表是针对某件事物而设计的问卷。被试者对问卷所作的反应，反映了被试者对某事物的态度倾向。态度量表主要用来收集学生的学习态度反应信息。

3. 形成性练习

形成性练习是以各种形式考核学生对本学习单元的基本知识的掌握程度。

4. 同伴互评量规

同伴互评量规是开展合作活动常用的过程性评价，可以在小组内对各个成员的课上表现情况、学习情况以及小组的整体表现进行自我评价和同伴互评。

第四章　英语教学模式的创新

翻转课堂这种新型的教学方式对英语学习方式、教师的角色以及师生交互模式产生了重要的影响，它推动着英语学习方式不断革新，对提高教师的教学效果和学生的学习效果具有重要意义。

第一节　学生的英语学习方式创新

一、翻转课堂模式下的英语自主学习

随着教育改革不断深入，教育者越来越注重学生的自主学习能力和综合能力的培养。以学生为中心的翻转课堂受到了教育者的关注，翻转课堂的教学模式为英语课堂教学改革提供了一个新思路。翻转课堂是一种新的教学模式，这种教学模式要求学生在课前自主学习新的知识，在课堂上通过教师的指导参与各种课堂活动消化新知识，在课后主动自我检查和总结所学的知识，培养学生的自主学习能力。

（一）自主学习概述

1. 自主学习的定义

自主学习这一概念虽然早在20世纪就已经被教育学家提出来了，但至今都没有形成一个统一的定义，对于自主学习这一概念的表达，更是众说纷纭，如主动学习、自学、自我管理学习、自我教育等。这反映了两个问题：人们对自主学习极为关注；不同的学者对自主学习关注的角度、重点不同。国内外关于自主学习的定义有很多，下面我们就列举部分具有代表性的观点。

（1）外国学者的观点

最早研究自主学习的亨利·霍莱克（Henri　Holec）认为自主学习是指对自己学习负责的一种能力，并且指出自主学习的五大方面：设定明确的学习目标，选

择合适的方法与技巧，确立适当的学习内容与进程，持续监督学习过程，评估学习成果。他进一步提出，自主学习能力并非天生就有，而是需要通过学习系统来逐步培养。

利特尔（Litter）将自主学习界定为一种做出决定并能实施独立行为的能力。

迪金森（Dickinson）认为，自主学习者应该承担的学习责任包含以下几点：①决定学习什么；②学习方式为个人学习；③学习者选择学习进度；④学习者决定何时何地进行学习；⑤学习者选择学习材料；⑥自我监控；⑦自我测试。[①]

20 世纪 80 年代中期以后，西方学者在综合上述观点的基础上，试图对自主学习进行更为确切的界定，其中最具有代表性的是齐莫曼（Zimmerman）的定义。齐莫曼认为，只要学生在元认知、动机和行为这三个方面都是一个积极的参与者，那么就可以认为他的学习是自主的。其中，元认知指的是学生能够在学习的不同阶段进行自我反思，包括计划、组织、自我指导、自我监控和自我评价；动机是指学生从被动的学习变成主动的求知，由“要我学”变成“我要学”；行为是指学生能够自主地创设有利于学习的最佳环境。

在对自主学习进行研究的过程中，齐莫曼建立了一套自主学习的研究体系，如表 4-1-1 所示。

表 4-1-1　自主学习的研究体系

科学的问题	心理维度	任务条件	自主实质	自主过程
为什么学	动机	选择参与	内在的或自我激发的	自我目标、自我效能、价值观、归因等
如何学	方法	选择方法	有计划的或自动化的	策略的使用等
何时学	时间	控制时限	定时而有效	时间计划与管理
学什么	学习结果	控制学习结果	对学习结果的自我意识	自我监控、自我判断、行为控制、意志等
在哪里学	环境	控制物质条件	对物质环境的敏感和随机应变	选择、组织学习环境
与谁一起学	社会学	控制社会环境	对社会环境的敏感和随机应变	选择榜样、寻求帮助

① 刘永莉．基于自主学习的大学英语教学理论与改革研究[M]．北京：中国书籍出版社，2020．

齐莫曼重点指出，以上框架中的任务条件是研究学生的学习是否自主的主要依据。如果学生在为什么学、如何学、何时学、学什么、在哪里学和与谁一起学这六个方面都能够选择和控制，那么其学习就是自主的，否则其学习就不是自主的。①

努南（Nunan）将自主学习分为意识、投入、参与、创造以及超越五个阶段，每个阶段都从“内容”和“过程”的维度进行了详细的阐释。具体如表 4-1-2 所示。

表 4-1-2　努南对自主学习的分类

阶段	内容	过程
意识	对所学内容和目标有意识	能够识别教学任务中的学习策略，并能识别自己偏好的学习方法
投入	有能力选择学习目标	做出选择
参与	有能力监控、调节学习计划中的学习目标和学习内容	监控、调节学习任务
创造	主动制定学习目标	主动制定学习任务
超越	超越课堂内容，并能在课堂知识与课外知识之间建立联系	超越学生的一般能力

从努南的五阶段来看，自主学习意识不仅指学生意识到自己要为自己的学习负责，还要意识到在学习过程中主动地确定学习目标和内容，对运用适当的学习策略和方法以及监控、管理、调节学习过程也要有意识。

在五阶段中，显然自主学习意识是最基础的阶段，其他四阶段都建立在第一阶段的基础上，层层递进、逐级深入。学生的自主学习能力在各个阶段各不相同。第五阶段被认为是自主学习能力完全实现的体现。可见，自主学习能力是在学习过程中必备的技能，可以使学习目标得以实现。学生应该具有自主学习的能力和意愿，从而实现自主学习。自主学习能力有赖于相应的知识和必要的技能，而意愿主要体现在自主学习过程中学习者的学习动机和自信心。

（2）我国学者的观点

我国学者对自主学习的研究要晚于国外，20 世纪 80 年代中后期才开始对自主学习进行探讨。他们在分析、总结国外自主学习理论的基础上，结合我国实际情况对自主学习进行了研究和探讨。

① 沈德立．学习理论的进展[M]．天津：天津科学技术出版社，2008．

韩清林认为，狭义的自主学习是指学生在教师的科学指导下，通过能动的创造性的学习活动来实现自主发展；而广义的自主学习是指人们通过多种手段和途径，进行有目的、有选择的学习活动，从而实现自主发展。[①]

陈水清认为，自主学习就是学习主体主导自己的学习，它是在学习目标、过程及效果等方面进行自我设计、自我管理、自我调节、自我检测、自我评价和自我转化。[②]

庞维国提出，自主学习是建立在自我意识发展基础上的“能学”，建立在学生具有内在动机基础上的“想学”，建立在学生掌握了一定学习策略基础上的“会学”，建立在意志努力基础上的“坚持学”。[③]

陈冬纯、黄冬梅认为：“自主学习指学习者依赖其独立的学习风格、积极的学习态度和良好的学习能力，能够独立或在教师的指导下设定其学习目标，通过个人或与他人合作的方式，实施、完成、评估自己的学习效果并达到学习目标。”[④]

我国英语教学环境下大学生的自主学习能力应涵盖以下五个方面的内容。

①了解教师的教学目的与要求。

②确立学习目标与制订学习计划。

③有效使用学习策略。

④监控学习策略的使用情况。

⑤监控与评估英语学习过程。

虽然学者给出的自主学习的定义各不相同，但总体来讲，他们有着基本的共识，即自主学习应该是以学生为中心（相对以教师为中心），学生根据自身的不同的需求，在整个学习过程中进行自我规划、自我管理、自我调节、自我检测、自我反馈、自我评价的自我建构过程。此外，他们都强调自主学习应成为英语教学的重要目标，学习的责任应由教师转向学生。

2．影响自主学习的因素

（1）内在因素

其一，智力因素。智力是学习的前提，所以智力因素也就成了自主学习的基础。一般来说，学生的智力因素主要包括学习能力、理解能力和推理能力。这里所说的智力因素主要指语能，即语言智商。语能作为智力的一部分，是个体特殊

① 韩清林．中小学心理教育实验研究[M]．石家庄：河北教育出版社，2000．

② 梁文东．中国当代教育研究[M]．北京：中国言实出版社，2003．

③ 庞维国．自主学习：学与教的原理和策略[M]．上海：华东师范大学出版社，2003．

④ 陈冬纯，黄冬梅．大学交际英语实训教程[M]．长沙：湖南师范大学出版社，2017．

的语言认知能力。语言的认知能力主要包括四种能力：语音的编码能力、语法的敏感能力、语言的记忆能力和语言学习的归纳能力。

语音的编码能力可以使我们辨别不同的语音，建立语音和符号之间的联系，并加以记忆；语法的敏感能力可以使我们了解词在句子里的语法功能；语言的记忆能力可以使我们快速、有效地形成文字与意义之间的联系，并加以记忆；语言学习的归纳能力可以使我们通过例句推测、归纳出语言规则。

其二，学习态度。学习态度就是指学生对自己在学习中应承担的责任持一种什么样的认识，以及对自己的学习能力如何评价。斯特恩（Stern）曾将学习态度分为对目的语社区和使用目的语的人群的态度、对待学习目的语的态度、对待语言以及语言学习的总体态度。

按照自主学习的本质要求，学生应该采取一种积极的态度对待自己的学习，也就是说学生要对自己的学习过程及成果负责，要积极地投身到学习中。学生的学习效率要想获得提高，就必须对自己的学习负责。

一般来说，具有积极学习态度的学生一般具有较强的学习动机，他们对于知识的欲望较为强烈，学习效果更加显著；而学习态度不好的学生往往学习动机也不强，遇到一点困难就会产生厌烦心理，对学习失去信心，学习成绩始终得不到提高。

其三，学习能力。学习能力也是自主学习必须具备的一种智力因素。许多学生虽然愿意为自己的英语学习负责，但是由于缺乏自主学习能力，往往不能真正实施自主学习。具体来说，在自主学习过程中，学生应该具备如下学习能力。

第一，学生应该具备明确自己的学习目标并在必要的情况下调整学习目标的能力。

第二，学生应该具备调整学习态度、动机等的能力。

第三，学生应该具备判断学习材料和学习活动是否符合学习目标的能力。

第四，学生应该具备选择学习材料和学习内容的能力。

第五，学生应该具备选择或自我设计学习活动方式，并执行学习活动的能力。

第六，学生应该具备监控学习活动实施情况的能力。

第七，学生应该具备与教师、同学协商的能力。

第八，学生应该具备评估学习结果的能力。

其四，学习动机。学习动机是指激发学生获得知识的内在动力和欲望，即学生学习英语的愿望和推动力。

学习动机可以强化学习行为本身，使学生变得更乐于学习，形成学习—动机—学习的良性循环。学习动机必然会成为推动学习活动的动力，从而使个体积极学习，有效完成学习任务。实际上，动机不只是推动一下而已，它还引导学习者从动机走向目的。

其五，学习策略。英语学习策略包含三种构成要素，即认知策略、元认知策略和学科基础知识。不仅是英语学习，其他任何语言的学习，都涉及认知策略和元认知策略，只有对二者有非常深入的了解，才能灵活地处理它们，自己所制定的学习策略才是有效果的。

第一，认知策略。认知策略包括三种构成要素：注意策略、记忆策略、提取策略。

在注意策略的运用过程中，英语学习者应对课堂问题进行积极思考，然后积极回答这些问题，在课堂上认真做笔记，仔细记下教师强调的重点内容，这些学习行为对于保持注意力是极有好处的。

记忆策略主要包括：一是复述策略，复述表现为口头和默想两种形式，经过复述的英语知识才能长时间地储存在头脑中；二是精加工策略，精加工策略可以表现为写内容提要和内容摘要，前者是用自己的话概括中心大意，而后者是用原文的部分语言概括中心思想；三是多重编码策略，它主要是指通过语言和图表等多种形式进行记忆，这样的记忆更加深刻；四是过度学习策略，如果花费 10 分钟能记忆有关知识，那么最好花费 10 分钟以上的时间去学习它，这样的记忆效果是最好的；五是复习策略，复习策略主要包括及时复习、间隔复习、分散复习，根据艾宾浩斯遗忘曲线，学习材料在刚开始时遗忘得最快，所以及时复习就能事半功倍，另外，每隔一段时间对已经学过的知识进行循环复习，能加强记忆效果，当然间隔的时间需要不断调整，这就是间隔复习，再者，有时候利用零碎的时间内复习知识，比集中在某一大段时间复习能取得更好的效果。在实际的学习中，要根据需要灵活地选择复习方式或者将它们结合使用。

提取策略主要包括：一是联想追忆法，指基于事物的相似性和对立性由一种知识联想到另一种知识的学习策略。二是推理促进法，根据事物之间的本质联系，运用推理来联想到另外一种知识。三是再认助忆法，通过不断接触已经学过的知识，来提高学习者对知识的熟悉程度。例如，对电视中出现的英语内容以及商品说明书上的英语内容进行思考和反应就是再认助忆法。

第二，元认知策略。在自主学习过程中，学生仅知道认知策略是不够的，还应该能根据不同的学习任务选用最合适的策略，这就涉及元认知策略的问题。具体来说，元认知策略的应用表现在以下几个方面。

一是在英语学习过程中，理解知识是需要一些手段的，非语言信息就是一种手段，如图表；二是先制定学习目标，然后形成详细的学习计划；三是对学习中的优势和弱势有一个清晰的认识；四是发现或者创造学习英语的机会，通过多种途径学习英语；五是在英语学习中遇到困难时，能够镇定地寻找解决的渠道；六是经常和同学就英语学习进行交流，借鉴彼此的经验；七是在评价自己的学习效果时要保持客观的态度，总结学习方法。

既然自主学习同时受到认知策略和元认知策略的影响，那么教师不仅要让学生掌握大量的认知策略，使学生明确认知策略使用的条件，激发学生运用策略的动机，还要训练学生对认知策略的实际运用，使他们在清楚自己所使用的策略后，主动尝试其他策略，以便可以选择最佳的策略。

其六，学习风格。学习风格是学生对学习的一种感知、认知以及情感上的倾向和偏好。不同的学生有着不同的学习风格。

感官是学生在学习过程中总会用到的，并且每一位都有其自身偏好的感官及学习方式。因此，从感知方式来分，学习风格可以分为视觉型、听觉型、动觉型三种风格。

视觉型学习风格是指用眼睛进行学习，通过“看”就可以了解信息，直观形象的视觉材料能够在学生的脑海中形成清晰的视觉形象。视觉型风格通过看书、看黑板、看影像等就能获知信息从而达到良好的效果。这种学习风格会存在某些局限性，如果教师在课堂上只是单纯的口头传授的话，他们的学习就会出现严重的困难。因此，他们更愿意教师用板书或者多媒体工具进行辅助教学。这种类型的学生独立性很强，并且习惯记笔记。

听觉型学习风格是指用耳朵进行学习，通过“听”就可以了解信息，因此，教师的口头教学和听力教学对于他们来说都可以获得较好的学习效果。一般情况下，这一类型的学生喜欢听录音、广播、对话以及报告等。这种学习风格也存在着某些局限性，那就是他们只熟悉并熟记口头的讲授，却不会写作，这种类型的学生喜欢参加课外活动或者小组活动，在有背景音的情况下进行学习。

动觉型学习风格是指通过实践获得知识，这一类型的学生喜欢尝试富有挑战性的活动，并愿意去执行计划，在亲身的实践中他们会体会到无比的快乐。这种类型的学生更喜欢参加课外活动，如角色扮演、实习等。

认知方式是指人们组织、分析和回忆新的信息和经验的方式。根据认知方式的不同，学习风格也可以分为以下三种类型，即场依赖型与场独立型、整体型与细节型、左脑主导型与右脑主导型。

第一，场依赖型与场独立型。场依赖与场独立是指学生对自己是否依赖，这其实是两种截然不同的处理信息的倾向。场依赖型学生一般会受外界的干扰，因此主要依靠教师或者同学提供的信息，从整体进行思考，并不善于独立地思考和解决问题；场独立型学生一般不会受外界的干扰，他们习惯用自己独立的思维去理解和分析问题，能够从一个个细节去考虑问题。通常来说，场依赖型学生比较善于交际，而场独立型学生比较善于分析。但是需要注意的是，二者并不是相互独立的，大多数学生介于二者之间。

第二，整体型与细节型。从信息接受的方式进行划分，可以将学习风格分成整体型和细节型两大类。整体型的学生善于从全面性，整体性出发来看待和解决问题，通常他们的深刻性和准确性是相对比较低的，而其模糊性和直觉性相对较高。如果遇到不认识的词汇或者概念，他们善于与别人进行交流并且顺利获知。细节型的学生善于对具体信息进行记忆，擅长分析和对比这些具体信息，将整体的信息划分成若干的小节来进行学习，这样的学习使学生能够发现不同实体的差异。

第三，左脑主导型与右脑主导型。根据人们对左右脑信息处理的强项，学生可以分为左脑主导型和右脑主导型两大类。左脑主导型的学生喜欢关注信息或者事物的细节，这种学生比较擅长逻辑分析并能够收到较好的学习效果。右脑主导型的学生喜欢抓关键、抓大意、抓重点，并且十分相信自己的第六感，因此具有较强的灵活性。

从学生的个性的差异来进行分析，学习风格又可以分为三种，即开放型与封闭型、外向型与内向型、随机－直觉型与具体－程序型。

第一，开放型与封闭型。从接收信息的方式来说，学生的学习风格有开放型和封闭型两种。开放型学生一般情况下善于收集外部信息，并对信息进行总结，但是并不急于做出结论，只有当具备了充足的材料时他们才会下结论。他们更习惯顺其自然，并且容忍歧义的存在，不受规则与实践的界定，喜欢发现式学习。封闭型学生一般情况下善于做出结论或者决策，通过制订计划以及期限来完成特定的任务。他们并不能容忍歧义，不接受模糊，总是希望得到明确的指令以及详尽的讲解。

第二，外向型与内向型。外向型与内向型学生在课堂上表现出明显的差异。外向型学生一般情况下性格开朗、善于交流、兴趣广泛。在英语课堂上，他们也是非常积极的，愿意参与提问、回答、小组活动、讨论、角色扮演等活动。他们能够运用一切可以接触英语的机会来使用英语，并且善于表达自己的思想，不惧怕任何学习英语的困难，口语水平是相对比较高的。内向型学生一般情况下比较喜欢独处，兴趣并不是很多，也不善于与人进行交流。在英语课堂上，他们总是习惯独立地思考问题，不愿意去参加小组的活动，而是自行解决问题与实践。一般情况下，这样的学生比较害怕出现错误，因此对语法或者语言结构是相对比较严谨的。

第三，随机－直觉型与具体－程序型。根据加工信息的方式，学生的学习风格又可以分为随机－直觉型与具体－程序型两种。随机－直觉型学生比较偏爱推测，善于发现事物或者任务的规律，善于运用抽象性思维方式。具体－程序型学生习惯按部就班，通过使用各种记忆策略来严格按照指令做事，喜欢追求真理。

（2）外在因素

一是教师。教师是影响学生英语自主学习的外部因素之一，在学生的自主学习中扮演着重要角色。虽然教师的教学态度、理念、方法以及所使用的教材均可能制约学生自主学习能力的发展，但是教师在学生的自主学习中给予一定的指导、监督和启发也是很有必要的，因为学生可以从中获得很多经验，从而适当调节自己的学习过程。

另外，就当前的英语教学现状来看，自主学习不可能完全摆脱教师的指导。学生在自主学习时还必须依赖教师来确定学习内容、获取学习策略、提供学习反馈，学生在遇到自己不能解决的问题时也离不开教师的指导和帮助，这样才能将自主学习持续下去。

二是同伴。自主学习并不意味着学习是完全独立的。同伴之间的协商、合作能有效促使学生自主学习。具体而言，同伴对学生自主学习的影响主要体现在以下三个方面。

其一，同伴的自主学习对学生有榜样示范的作用。社会认知理论认为，自主学习能力的发展过程，是个体将外部学习技能内化为自己能力的过程，而这个过程要先后经历观察、模仿、自我控制、自我调节四个阶段。由此可见，榜样示范对学生的自主学习有着极为重要的作用。

其二，同伴的自主学习行为和成绩会影响学生对自身学习能力的评价。个体评价自己的学习能力主要通过两种途径：第一，把自己一个学科的成绩与另一个学科的成绩进行比较，以推断自己的学习能力；第二，把自己的成绩与同学在相同学科中的成绩作比较。第二种途径的比较会对自主学习产生较大影响，同学的学习成绩和学习能力具有更大的参考价值。

其三，同伴关系会影响学生的学业求助。学业求助对学生的自主学习具有积极的意义。它不仅是一个重要的社会互动过程，还是一种重要的适应性自主学习策略。同伴之间主要存在吸引与排斥、合作与竞争的关系。一般而言，在情感和谐、团结互助的同伴关系中，学生之间的竞争性较低，自尊心能够得到保护和尊重，学业求助所付出的代价也较小，因此学业求助更容易发生，这有助于促进学生的自主学习的发展。

三是学习环境因素。学习环境也是影响学生自主学习的一个因素。学习环境和辅助资料的丰富与否决定着自主学习能否获得成功。良好的学习环境（如适宜的学习场所、各种学习设施、丰富的图书资料以及易获得的学业帮助等）有利于学生开展合作学习和自主学习。

四是社会环境因素。社会环境因素主要涉及文化环境和人际关系两大方面。

在自主学习过程中，文化环境对学生的行为、学习态度、思维习惯以及自主学习的效果有着直接的影响。例如，在我国当前的文化环境中，英语教学有时过分注重知识的传授，注重应试教育，而忽视了对学生的主动性、合作意识和创新能力的培养，看不到学生的个性特点，导致学生习惯了“你教我学”，自主学习的意识不强，一旦离开教师、学校就无法继续学习新的东西。

人际关系通常包括师生关系、同学关系。良好的师生关系和同学关系不仅可以降低学生在自主学习中的焦虑感和紧张情绪，使学生心情愉悦，在一定程度上提高学生自主学习的积极性，还为学生的学习营造了良好的环境。当师生关系融洽、学生情绪稳定时，学生的自我效能就会变强，也就愿意追求自己的学习目标，从而自主学习的意识就会增强。

（二）翻转课堂模式下的英语自主学习的实施

在翻转课堂理论背景下，英语自主学习能力的实施可从以下几个方面着手。

1. 学校管理者层面

（1）提供行政保障和技术支持

学校的行政保障和技术支持有助于系统实施翻转课堂教学。学校管理者应建立翻转课堂教学体系，明确相关制度和程序，配备相应的硬件设施。学校管理者应确保所有学生都能在学校使用免费开放图书馆内的机房；提高机房电脑配置，保证教学视频能够在高清画质下流畅播放。同时，学校图书馆机房的电脑中应该建立专门的外语学习资源库，并定期更新一些有关英语学习的电子资源，让学生在公共学习场所也能学习专业的英语知识。

此外，学校管理者应分配技术资金以获取云智能教辅系统等最新技术，让学生的知识学习、完成习题、考试测验、视频讲解、师生交流等全部在云智能系统中完成，为学生提供更多的机会来支持翻转课堂教学方法。

(2) 为学生制定合理的评价体系

与传统教学模式不同的是，翻转课堂要求学生课前自主学习新知识，课中完成小组汇报、成果展示等活动，这就要求学生除了能较好地掌握课程内容，还要具备一定的自主学习能力、同伴协作能力、自控能力、表达能力等。因此，传统的期末测试成绩并不能作为翻转课堂教学模式中对学生唯一的评价方式。学校管理者在政策体制上应该注重学生的评价方式、评价内容、评价主体的多元化，为学生制定一系列科学合理的评价标准。学生的自我评价、课堂汇报时的同伴评价以及学生在网络教学平台上的学习成果都应作为评价方式，将形成性评价与总结性评价、定量评价与定性评价、相对评价与个体内差异评价结合起来。评价内容应该注重学生的自主学习能力、合作能力、英语的表达能力以及对英语学习的情感态度等。对学生的评价标准也应该因个体的差异性而多样化，并且要根据具体的情况适时地调整评价标准。

(3) 加强自主学习中心的建设与管理

近年来，为了满足个性化学习和自主学习的需要，越来越多的学校开始重视对基于网络的英语自主学习中心的建设，并投入了大量的时间和经费。英语自主学习中心可以提高学生学习英语的兴趣、动机和效率，因为学生可以自由地选择学习材料并按自己的步调学习，而且还有可咨询的教师以及轻松的环境。英语自主学习中心应该包括以下要素：实体环境、英语学习材料、电子设备、咨询服务人员和管理人员。它可以安置在图书馆、专用教室或由学校分配的其他任何空间。它能提供英语学习的书目、报纸、杂志、音频、视频等。咨询服务人员是在自主学习中心兼职工作的教师，他能为学生提供建议或意见、回答问题、给予鼓励、反馈和评价。为了确保咨询有效，咨询服务人员应该受到专业的培训。自主学习中心还应该有全职工作的教师，主要负责维持自主学习中心的日常运作，确保它能在办公时间对学生开放。

2. 教师层面

(1) 让学生提前了解翻转课堂教学法

教师在实施翻转课堂教学前要向学生概述翻转课堂教学方法的理论框架，让学生对翻转课堂教学方法有大致的了解和认识，同时强调学生在这种教学类型中应有的角色和责任，这将使学生在思想上做好学习方式转变的准备和心理期待。当学生准备好接受这种学习方式时，就会增加他们的投入感，也会增加这一模式的有效性。翻转课堂的教师可以和学生讨论观看教学视频的时间和方式，简单说明有效做笔记的方法，向学生展示如何充分利用课堂上的合作。这些准备可能会提高翻转课堂模式的效果。

（2）精心设计课前学习活动，增强学生的自主学习意识

在英语的学习中，为了激发学生对探究性话题的兴趣，学生需要阅读教材上的生词、词组和课文，并观看一个10分钟的在线教学视频，视频中教师会对一些重点和难点词、句做出相应的解释。为了提高学生在课前自主阅读课本的意识，师生交流群里会附上单元测验，同时视频中会出现进阶小测验，让学生更能集中注意力。这些测验不会设置难度，因为测验的目的是让学生自主完成课前活动，而不是增加学生的负担。学生提交测验后会立即公布答案，让学生能够进行自我评价。

3. 学生层面

（1）强化学生英语自主学习的动机

动机是学生学习行为的主要驱动力，它能够使学生主动地为自己制定具体的学习目标并为其持之以恒地努力，从而实现自己制定的目标。强化学生的动机可以激发学生自主学习行为，尤其是内部动机的强化能够在真正意义上促进学习。学生应该充分利用网络上的电子材料来进行自主学习。互联网带给了学生便利和充足的信息，在理解了基于网络的学习环境后，学生会更加自主地学习。此外，在如今迅速发展的社会中，学生自主学习的意识也应该不断提高。世界每天都在向前发展，知识和信息也日益更新。为了不在信息时代中被淘汰，学生必须持续不断地、自主地学习。

（2）深入小组合作活动

小组合作活动是英语翻转课堂教学模式的重要环节，每位学生都应该增强小组内的合作意识，明确分工职责。学生在与他人合作的过程中，可以相互交流信息或共同完成某项语言任务，从而将交际策略运用于语言实践中。此外，小组活动可以减轻学生的焦虑和紧张，使其能够享受轻松的学习环境。通过与同伴合作，学生可以取得更好的学习效果。

（3）积极参与课堂互动

与传统教学模式相比，翻转课堂更加注重课堂上教师与学生、学生与学生的交互活动。教师的角色已经由高高在上的传授者、管理者转变为学生身边的帮助者、引导者，师生之间是平等、和谐的关系。教师在课堂上有了更多与学生一对一交流、指导的机会。在互动环节，学生应该积极展示自己在课前自主学习的过

程和方式，大胆地向教师提出在学习过程中产生的疑难问题。只有在勇敢尝试之后，学生才能体会到成功的快乐，对英语学习会更加有信心。

二、翻转课堂模式下的英语项目式学习

在翻转课堂模式下，英语教学需要帮助学生掌握利用信息技术开展自主学习的技能，这就需要对项目式学习加以重视。项目式学习是一种新的教学创新，因为无论学生在学校学习多么优秀，都需要回归社会，接受社会的检验。翻转课堂模式下的英语项目式学习可以使学生在整个项目过程中了解社会生活的某个角色，提升学生的社会适应性。

（一）项目式学习概述

1. 项目式学习的定义

随着社会的发展，语言也在不断演变，英语教学也随着语言与社会的变化而进行着不同阶段的革新，在教学目的、教学定位、教学模式上都有着不同的发展。在全球化和国际化的时代背景下，英语教学的目的是向社会输送更多具有国际化视野、了解跨文化交际规则、具备国际竞争能力的英语人才。

项目式学习和上述英语教学目的相契合，这种学习方式强调学生的主体地位，主张学生通过完成项目来积累自身知识、提高学习能力。我国英语教学开展项目式学习能够增强学生的自主学习意识，培养其合作意识和语言综合应用能力。

项目学习活动往往围绕着具有一定挑战性的项目主题展开，主题的选定往往来自真实的环境，依托某一学科理论，并在活动过程中体现多学科交叉的思想。项目学习是以学习、研究学科的概念和原理为中心，通过学生参与活动项目的调查和研究来解决问题，以建构起他们自己的知识体系，并运用到现实社会当中去的一种学习模式。

总结而言，项目学习是一种以学生为中心的教学模式，是学生从真实世界中的基本问题出发，围绕复杂的、来自真实情境的主题，以小组方式进行周期较长的开放性探究活动，完成一系列诸如设计、计划、问题解决、作品创作以及结果交流等学习任务，并最终达到知识建构与能力提升的一种教学模式。

2. 项目式学习的特点

项目式学习有着显著的特点，集中体现在以下几个方面：①项目式学习要求按照学习的需求设定不同的项目。②项目式学习对学习环境有一定的要求，一般需要在真实、具体的环境中展开学习。③项目式学习的内容需要以现实世界为依

托，学习的问题要注重实用性，要求学生在任务完成过程中了解问题解决的理论以及实际解决问题的技巧。④项目式学习的基本主张是以学生为中心，因此教学的重点是锻炼学生的自主性，挖掘学生的主动性，发展学生的学习能力、问题解决能力、批判性思维能力等。⑤项目式学习注重合作性。由于项目式学习任务十分丰富，因此需要学生综合利用书本知识、自身经验、创造思维以及相互协作才能完成。这就需要使学生学会在不同的任务阶段和不同层次的同学进行合作交流。⑥项目式学习主张学习的手段可以数字化，如利用多媒体、网络等现代信息技术。通过数字化的途径，可以拓展学习资源，增强学生自主学习的意识与能力，从而使学生在解决问题的同时锻炼实践能力与创造能力。

3. 项目式学习的意义

项目式学习是在传统教学基础上发展出的新的学习方式。二者之间的差异主要表现在以下几个方面。

在教学目标上，传统英语教学重视的是基础语言知识的教授，强调通过硬性记忆知识来获取一定的英语技能；项目式学习则重视对学生的技能进行培养，提高学生的自我学习能力、解决问题的能力、分析与综合的能力等。

在教学内容上，传统英语教学主要以教科书内容为基础展开教学，教学内容的灵活性较差，同时由于教材的更新速度跟不上社会发展速度，因此会在一定程度上出现教学内容老旧的问题；项目式学习中教师扮演的是指导者的角色，教学内容贴近学生的现实生活。这种教学内容的设定更容易使学生产生英语学习的兴趣。

在教学模式上，传统英语教学是大班式教学，是一种自上而下的知识的灌输；项目式学习则主要是通过合作学习的方式，让学生在完成项目的过程中不断学习。

在学生角色上，传统英语教学中学生的角色为被动的知识接受者，在学习中处于从属地位，很少有发挥主观能动性的空间，并且很多学生不具备主动学习的意识；项目式学习重视学生的主体地位，认为学生是学习的中心，通过让学生完成项目来发挥其自我主动性与相互合作精神。

在教师角色上，传统英语教学中的教师具有主导性、权威性，全权掌握教学节奏，控制学生的学习过程；项目式英语学习中教师的角色具有指导性、引导性，是辅助英语学习的角色，在学生完成项目的过程中，教师需要给学生一定的引导与建议，并及时进行学生能力发展的记录与评估。

在评价方式上，传统英语教学对学生的评价主要是通过测试、考试等这种阶段性或总结性的评价，以学生的考试结果为评价标准，较为片面；项目式学习则主张多样化的评价方式，注重学生在项目完成过程中的表现以及对知识的内化质量。

通过比较可以看出，项目式学习符合当今英语教学改革的方向，能够体现以学生为中心的英语教学方式，对学生综合能力的培养以及创新能力的提高都大有裨益。具体来说，项目式学习的意义主要体现在以下几个方面。

一是能够帮助学生建构知识基础。通过项目式学习，学生能够自主对项目进行分析、合作、解决。这是一种积极的知识自主建构，能够为日后的生活与学习打下良好的基础。项目解决过程中需要学生进行信息的收集与获取，并寻找适合项目解决的方法。从整体上看，项目的完成不仅需要学生动用自身的思维能力，还需要学生不断丰富自己的知识，从而建构更为完善、更为系统的知识框架。

二是能够发挥学生的自主性。项目式学习并不是一种自上而下的知识硬性灌输，其主张发挥学生的自主性，让学生自主选择自己感兴趣的主题与内容，并决定学习的方式与进程。

在项目学习过程中，学生需要自己计划、研究、合作、激励、思考、解决、反思等，这些都和学生的自主意识息息相关。因此，项目式学习能够培养与增强学生的自主学习意识，锻炼学生的主观能动性与创造性，对于学生的信息检索能力、归纳总结能力、逻辑分析能力、合作学习意识等都有重要的促进作用。

三是能够培养学生的合作意识与情感能力。在项目式学习过程中，学生面对的是真实的有意义的学习任务。一般来说，项目式学习任务对于学生来说都带有挑战性，因此需要学生结成项目小组展开合作。这种学习方式能够使组员之间相互帮助，发挥各自的优势以促进项目的完成。在项目进行过程中，小组成员之间会进行积极的鼓励与沟通，同时会就项目问题展开积极的探讨，这对于学生的语言交际能力和情感能力的增强也大有裨益。

（二）翻转课堂模式下的英语项目式学习的实施

1. 实施的原则

翻转课堂模式下的英语项目式学习方式的展开既需要符合信息技术辅助教学的相关原则，又需要以项目式学习的相关原则作为指导。具体来说，应该遵循的原则包括以下几个方面。

（1）目的性原则

翻转课堂模式下的英语项目式学习是在英语教学的总体教学目标之下展开的。因此，在实施过程中，需要以英语教学的相关目标作为依据。在这一原则的指导下，教师应该科学设计项目，保证项目从总体上是在教学目标的大范畴内，从微观上每个项目都包括明确的教学目标。

由于信息技术资源带有繁杂性，教师可以对信息技术资源进行筛选，将一些有利于项目完成的教学资源传递给学生，调动学生项目完成的积极性，并在总体教学目标的指导下展开项目。

（2）以学生为中心原则

英语项目式学习的实施要求正视学生在教学中的中心地位，因此教学活动的开展需要严格遵循以学生为中心的原则。

语言能力的提高需要大量的练习作为保证，这种练习应该以学生为中心，发挥学生的主观能动性。教学模式、教学手段、教学活动的设计都应该是在学生主体地位的作用下完成的。

翻转课堂模式下的英语项目式学习能够让学生以更加积极的心态参与学习活动，主动建构自身的知识体系。由于学生的主动性增加，因此其会根据自身的学习水平与特点进行学习内容的选择，合理安排学习进度。

（3）系统性与最优化原则

语言能力的提高需要不断练习与发展，是一个循序渐进的过程。翻转课堂模式下的英语项目式学习也应该遵循系统性与最优化原则，不断丰富学习内容，实现识记、感知、理解、运用、创新的递进。

目前我国的信息技术系统可为师生提供丰富的具有渐进性和系统性的教与学的资源。教师需要在学生当前学习水平和学习需要的基础上科学设计学习项目。

（4）情境与交际性原则

英语学习的目的是进行语言的应用。利用信息技术给学生创设真实的语言交际情境有利于激发学生的思维能力，从而利用已知经验去建构新的知识体系。信息技术现在已经渗透到了英语教学的不同方面，通过信息技术资源可以为英语项目式学习创设真实的语言情境与交际情境。

（5）情感与合作学习原则

情感因素（包括动机、态度、兴趣、注意力等）是影响学习质量的一个重要方面。一般而言，积极的情感因素能够促进英语学习，消极的情感因素则会阻碍英语的学习。

翻转课堂模式下的英语项目式学习能够激发学生的学习动机，提高学生语言学习的主动性与创造性，从而提升英语学习的兴趣。在信息技术的帮助下，英语知识以更加立体、多样的方式呈现，更加便于学生对知识进行吸收与内化。教师要有意识地进行师生之间的情感沟通，并教给学生一些具体的合作学习方式，从而便于完成项目。

2. 实施的步骤

翻转课堂模式下英语项目式学习模式展开的步骤主要包括以下几个方面。

（1）项目设计

项目设计是翻转课堂理论下英语项目式学习的实施基础，需要教师在研究教材、搜寻资料等基础上科学设计课程内容。教师需要利用信息技术教学资源，进行线上、线下的项目重构，并基于教学内容进行学习资料的组织与加工。

（2）确定项目

确定项目是翻转课堂模式下英语项目式学习的中心环节，师生需要以信息技术资源为平台进行交流与沟通，不断扩展学习资源、认知工具等。学生需要充分发挥自己的主观能动性与综合应用能力，对信息资源展开查询、重构，从而更好地完成学习项目。项目的完成不仅是对学生学习能力的考验，同时能开阔学生的思维，有助于便于学生能力的提高。

确定项目需要教师充分利用信息技术资源创设真实的语言场景，从而激发学生对学习项目的探究兴趣。学生通过教师的引导初步感知项目，明确项目的要求，从而为下一步骤的项目实施打下基础。

（3）制订计划

在制订计划环节中，学生已经通过自由组合形成了学习小组。教师可以向学生介绍项目完成的要求与形式，指导学习小组分析项目中包含的英语知识。在交流与总结过程中，师生可以共同确立项目完成的计划，分析项目完成所需要的步骤，并明确不同阶段的任务、时间等具体细节。

（4）活动探究

在这一环节中，教师的角色为资源提供者与指导者，需要在项目进行中适当给学生提供一些学习资源，并根据不同学生的表现给予一定的指导。学生通过运用信息技术进行学习资源的浏览，并与小组成员进行探索以完成阶段性项目。在此阶段，教师需要对学生学习情况进行观察，从而为后续的评价做准备。

（5）作品制作

通过信息技术资源的运用，项目式学习的成果可以以不同的形式体现，如情景剧、微电影等。在作品制作的环节，教师可以提供一些合适的信息技术工作，指导学生利用信息技术制作项目产品。不同的项目学习小组可以根据学习要求进行制作，对收集到的资料进行重组与加工。

（6）成果交流

成果交流指的是教师组织项目小组进行学习汇报展示。小组成员需要汇报项目完成的计划、合作情况、成果等。在信息技术的支持下，成果交流的方式更加多样，既可以进行幻灯片展示，也可以进行动态展示。通过成果交流，各小组能够取长补短、共同进步。

（7）总结环节

教师在项目式学习中发挥着重要的作用，在项目完成后需要进行总结。例如，指导学生进行自我评价、小组互评。一般来说，基于信息技术的英语项目式学习模式的成果评价包括个人评价，小组评价、教师评价三个方面。

三、翻转课堂模式下的英语合作学习

翻转课堂改变了教师的权威角色，强调了学生在课堂上知识的内化。英语合作学习可以使学生通过小组合作形式解决问题、完成任务、实现共同目标，体现了翻转课堂的实质和特征。经教学实践表明，翻转课堂模式下的英语合作学习能够提高学生的学习积极性、自主学习能力和学习水平。

（一）合作学习概述

1．合作学习的定义

合作学习是以一个学习目标为导向，以师生之间的协作为基本动力，以小组为表现形式，以小组成员之间的学习活动为主体，以团体总成绩为评估依据的一种学习方式。

2．合作学习的要素

合作学习包含以下三个方面的内容。

（1）小组活动

小组活动是合作学习的基本要素。小组活动是指小组有明确的学习活动时间、明确的学习活动目标、明确的学习活动任务、各个组员间的明确分工、真实详尽的学习活动反馈。

（2）相互支持

合作学习中，组员之间的利益是联系在一起的，每个组员的学习行为都会对整个小组的学习造成不可忽视的影响，因此组员之间必须在心理、资源等方面相互支持，才能使整个小组的利益最大化。

（3）组员间的人际交往技能

小组的氛围直接影响着学习目标的实现，因此组员应该掌握一定的人际交往技能以便创设良好的氛围。这就要求组员之间彼此信任、积极沟通以及正确处理冲突，这些都是人际交往技能的表现。

3. 合作学习的意义

（1）能够培养学生的团体意识

在合作学习活动中，学生很容易将自己归为某一组（团体），并与该组荣辱与共，集体荣誉感会极为强烈，团体意识在不知不觉中就得以产生和发展。

（2）能够促使学生之间互帮互助

由于合作学习具有交往性、互助性、分享性特点，所以学生在合作学习中可以通过师生互动、学生互动，互相启发、互相协作、互相鼓励，分享经验与知识，进而解决学生个体的难题，最终完成学习任务。

（3）能够调动学生的积极性

通过合作学习，学生能慢慢意识到自身存在的不足。另外，在其他同学的帮助下学生会更愿意参与活动。一旦学生参与到合作学习中，学生之间就可以展开更为充分的交流，这有利于学生更好地完成学习任务。

（4）能够培养学生的创新精神

通过合作学习，学生之间会形成“支持性风气”，学生之间的相互信任、合作的程度就会有所增加，他们共同完成的作品也就更具创新性和多样性。

总体而言，合作学习对培养学生的合作精神、团队意识和集体观念等均有很大帮助，其还能在一定程度上弥补教师难以面向有差异的学生教学的不足，从而方便教师因材施教，最终在真正意义上实现每个学生的发展目标。

4. 合作学习的模式

合作学习的模式具体包括以下几个方面。

（1）合理分组

合作学习也就是小组学习，因此合作学习首先要对学生进行分组。合作学习中组员之间的结构非常重要，因此教师在分组时要注意使小组成员在知识结构、能力水平以及性格特征等方面呈现出多样化的特点。各小组成员之间特点的均衡有利于各小组之间进行互相学习和竞争。小组的划分要遵循组间同质、组内异质的原则，以保证小组成员具有不同的知识水平，这样知识水平较高的学生就能对知识水平较低的学生进行指导，进而促进整个小组任务的完成，同时提高能力欠佳学生的参与热情。小组内的成员应该分工合作，每个成员在小组中都应该有自己的位置和作用，并且每个成员在解决问题、完成任务的过程中都要发挥各自的作用。要确保每个成员都能够明确自己的目标和作用，并在完成任务的过程中积极地思考。

（2）策划与提出问题

小组合作的学习内容要有一定的可操作性，教师设置的问题还要具有开放性和讨论性。在课前，教师应根据学习任务明确分组原则，对于小组内各成员的任务以及小组完成任务的时间都应该作出明确的规定。教师是学生合作学习的引导者，教师为学生布置具有适当难度的任务，充分调动学生的积极性，为不同的学习小组布置不同的任务，使各小组之间可以互相学习，共同进步。

（3）合作实施与过程控制

学生开始合作学习的同时，教师有着自己的工作，那就是对整个过程进行监督管理。教师要观察学生的表现并时不时地给予提示，也可以用提问来检查学生的表现。教师在必要时应向学生提供帮助，解答学生的问题，让他们在学习过程中少走弯路进而提高学习效率。对于学习中遇到的每个问题，组员应该先做深入思考，然后再和其他组员讨论交流，教师应该尽量保证学生做到这一点。

（4）评价合作学习效果

对小组合作学习情况的评价主要涉及两个方面：一方面要对学生的学习过程以及学习结果进行评价，另一方面要对小组和组内各成员进行评价。

教师在评价各学习小组的成果时，要注重评价整个小组的任务完成情况而不是小组中某一个成员的成绩。同时，教师要对小组成员参与的积极性、主动性和思维的独创性等各个方面给予恰当的评价，这样既可以在小组内为其他学生树立学习榜样，激发组内成员相互学习的热情，又可以调动成员参与的积极性，并打消个别学生的依赖性，更好地实现合作学习的教学目标。

（二）翻转课堂模式下的英语合作学习的实施

1. 制定教学目标

在开展合作教学之前，教师需要制定学术目标和社会技巧目标。其中，学术目标必须和学生的水平相适应，社会技巧目标要求教师加强人际交往技巧的讲解。

2. 课前准备工作

（1）确定小组规模大小

在确定了课程目标之后，就要确定小组规模。典型的合作学习小组通常以 2～4 人为一组。小组规模的确定通常受材料和设备的获得情况的制约，时间越短，小组规模应越小；小组规模越大，为各组准备的材料则越多。

（2）对学生进行分组

在分组的过程中，教师通常会考虑以下四个基本问题。

第一，应该按能力相近还是按能力相差较大来分组？通常情况下，应该将能力水平各不相同的学生分为一组，也就是同组异质。在这样的小组里，学生能够获得更全面、深入的见解。

第二，是否应该把任务导向学生与非任务导向学生放在一个学习小组？为了保证非任务导向学生参与任务，将他们与任务导向学生放在同一合作学习小组中，会有利于其水平的发挥。

第三，应该让学生自己选择合作伙伴还是由教师安排？一般来说，教师编排的小组比较理想，也可以随机安排。学生自己组合成的小组通常同质性比较高。还有一种方式，就是自由组合小组，就是先让学生列出他们心目中的组员，然后再从组员中选出一个人与教师选的其他两三个人组成一个学习小组。

第四，小组的活动应该持续多久？这个问题并没有统一标准。合作学习小组成员可能在整个学期或学年固定不变，也可能只维持到某个课程、单元或章节结束。最好的方法是让学习小组成员关系维持到他们能够成功地完成任务为止。

（3）安排活动空间

活动场所决定了小组的活动方式，也影响着学习小组作用的发挥。学习小组成员之间在空间距离上要尽量接近，这样方便交流和共用材料。组与组之间需要保持一定的距离以免互相干扰。

（4）分配材料以促进学生间的相互依赖

分配材料有以下三种方法。

①教师把材料分配给学生，让他们以小组比赛的形式组织合作学习，以激发组员间的共同合作的意识。所有组员都表现得最好的小组获胜。

②教师分给组员不同的参考资料，这些资料是需要各组员综合运用的，或者把资料像拼图一样切成几块，给每个学生一部分，让他们共同来完成拼图。

③只给每个小组一份材料，学生必须一起完成任务。

（5）分派职责以使学生相互依靠

通过给各组员分配互补的任务，他们能够相互依靠。除了学习知识的职责，每个组员还可以担任其他职责，包括叙述概念和策略的运用、复述小组的主要结论、为小组收集资料并与其他学习小组及教师交流、纠正组员在阐述中的错误、确保组员能有条理地阐述结论的获得过程、记下小组的决议和校订小组的报告。

（6）监督和介入

①监督学生们的行为。在合作学习过程中，教师应该观察学生的学习表现。其目的主要有两个：第一，了解学生在学习中的收获与困难；第二，发现合作学习中出现的问题。在合作学习中，学生的思维会表现出来，这时教师就能发现学生是如何分析资料的。

②提供学习帮助。在监督合作学习时，教师要明确完成任务的步骤和策略，解答学生的问题。

③教授社交技巧。在发现学生的问题后，教师应该向学生传授更有效的合作方法，以及小组合作中所需的社交技巧。教师要适时介入，并要有耐心。

（7）评估学习和评定学生合作情况

①教学收尾工作。在教学结束时，教师应总结课程要点以及回答学生提出的问题，学生应总结所学的知识，并回忆课程的主旨。

②评价学生学习的质与量。为了保证合作学习的成功，教师应该用一套参考标准，对学生的试卷与表现进行评价。

③评估小组合作效果。教师应该评估合作小组的学习效果并做出反馈，以促使学生从思考过的经验中学习，考虑如何能做得更有成效。

第二节　英语教师的角色转变

翻转课堂教学模式作为一种新兴的教学模式，有效促进了课堂教学效果的提高和教学目标的达成，实现了个性化学习，而翻转课堂教学模式的兴起对教师角色的定位产生了重要影响，使得教师的角色发生了重大变化，即由主演型教师改为导演型教师。具体而言，翻转课堂中的教师角色让课堂更为生动，教师更多承担的是引导和协助的工作，对英语翻转课堂的顺利实施有着显著的促进作用。

英语教师是英语教学的重要组成部分，发挥着重要的主导作用，是培养学生英语能力的关键要素。在翻转课堂模式下，教师应该重新定位自己的角色，提高教学能力和综合素养，这对教学效果的提高以及学生素质的培养都有着重要意义。具体而言，翻转课堂模式下的英语教师扮演着以下几种角色。

一、资源提供者与引导者

（一）资源提供者

教师是资源的提供者，这是毋庸置疑的，也是值得肯定的。由于教师熟悉语言的结构、词语的意义及其使用方法，具有广博的知识和丰富的教学经验，能够参与到学生的自主学习过程中，并给予学生多方面的、积极主动的帮助和支持，所以教师是学生最重要的信息来源之一。在信息社会中，学生也越来越不满足于单纯的课本知识的学习和交流，需要教师帮助他们拓宽视野，丰富各方面的知识，从而提高语言能力及社交能力。

在翻转课堂模式下，教师也应该做学生学习的资源提供者。因为学生自己掌握的知识和资源有限，会在很大程度上影响教学效果，所以就需要教师作为资源提供者，提供学生所需要的学习资源。学习资源不仅指各种学习材料，还应该包括多种学习手段和条件，如多媒体、互联网、广播、电视、录像等。教师作为资源提供者，要为学生自主学习提供所需要的大量信息资源、方便的学习工具和丰富的学习策略。这些有用的资源，使得教师对学生的辅导和帮助更加实际。教师要充当好资源提供者的角色，积极开发和利用英语教材及其以外的其他课程资源，为学生自主学习提供丰富、实用的材料和资源，从而加强英语教学的积极性和灵活性。教师需要切实了解学生自主学习过程中所需资源的状况，从而给予学生及时的帮助和指导。

作为资源提供者，教师要帮助学生解决学习过程中遇到的有关学习材料的疑难问题。在这一过程中，教师应首先鼓励学生先通过自己的能力解决问题，提供相关的参考书或有益的工具书，帮助和指导学生科学地选择和使用学习资料，避免学生盲目寻找价值不大的辅导材料而影响学习质量；指导学生充分利用图书馆、多媒体和互联网络等资源，让学生自己查找资料，独立寻求解决问题的途径。学生通过自己查找，搜索到的信息往往比教师单纯讲授更有利于记忆和理解。学生在教师的指导下查询、收集以及有效地利用学习资源的过程中，既扩展了视野、丰富了知识体系，又潜移默化地培养了自主学习能力。

（二）引导者

在翻转课堂模式下，教师是学生英语学习的引导者，具体是指教师要根据学生的总体状况制定切实可行的学习方案，为学生指明正确的学习方向，在不同教学阶段给予学生及时的意见和建议；在教学过程中不断帮助和引导学生达到其预期的学习目标，逐步完成教学任务。在翻转课堂模式中，教师的指导作用主要体现在对学生自主学习活动的各个环节和方法上的引导。在以学生为中心组织课堂教学的前提下，教师应该给予学生充分的指导，使学生在教师的启发、指引下主动接近教学目标，取得较好的学习效果。

具体而言，教师作为引导者包括以下几个方面。

①教师要根据学生的总体水平，选择适合的学习材料和学习策略，确定学生的学习目标。

②教师要了解并参考学生的个体差异、具体个性特点和接受能力，与学生探讨他们能够达到的最佳学习效果，帮助他们制定针对自身的切实可行的学习方案。

③教师要指导学生合理有效地安排学习时间以及充分利用图书馆、互联网和课堂上与学习伙伴的讨论等。

④教师要努力发现学生在自主学习过程中存在的问题和困难，要给予在学习上遇到问题的学生及时的支持和指导，并要对学生在课堂内外的表现给出实质性的建议和评价。

⑤教师作为引导者要培养学生养成良好的学习习惯，培养学生的听说技能和交际能力，给学生制订长期和短期的学习计划。

⑥教师要鼓励并组织学生参与各种形式的课堂活动，包括各种形式的演讲、角色扮演，游戏等，以激发其英语学习的兴趣和积极性。

总体而言，教师作为引导者的作用是引导和组织有意义的教学活动，把控教学进程，适时地调整教学方法以及引导学生寻找解决问题和困难的途径，同时增强学生自主学习、敢于实践的意识，使学生认识到学习成功与否的关键在于其自身。

二、组织者与参与者

（一）组织者

在翻转课堂模式下，教师由教学的控制者变为教学的组织者。组织者这一角色实际上体现了多重层面的转变，即由重视教师的“教”向重视教师的“学”转变，由统一性教育向差异性教育转变，由信息单向交流向信息多向交流转变，由重传递向重发展转变。因此，在具体的英语教学中，作为教学的组织者，教师应组织学生发现、收集、掌握和利用学习资源，建立和谐、平等的师生关系，营造轻松、积极的学习氛围，让学生在宽容、平等的氛围中受到激发，掌握知识。

（二）参与者

在翻转课堂模式下，教师变为学生学习的参与者。教师与学生同属于教学的构成要素，因此教师应该与学生一起探求知识、寻找真理，并敢于承认自己的错误与过失。这就要求教师改变以教师为中心的旧有思想，在平等、民主的氛围中引导学生自主学习，并且在参与学生活动的同时不能成为主角，而应成为学生的观察者、倾听者和交流者。

教师在参与课堂活动时，就成了学生的合作者，这样可以使学生感觉到教师不再是教学的权威，而是学生的一员，这对消除学生的紧张情绪、提高学生的参与积极性十分有利。对此，教师在参与课堂活动的过程中，应抓住所有机会为学生营造自然、轻松的活动氛围，让学生在没有压力的环境中进行语言实践。此外，教师参与学生的语言活动也能为学生起到示范作用。在语言活动中，学生在运用语言时会不自觉地将教师作为榜样，在教师的引导下，学生的语言运用能力会逐步得到提高。

三、协调者与促进者

（一）协调者

在学生的翻转课堂学习过程中，教师要作为协调者来协调在语言学习过程中出现的人际关系和社会关系，弱化学生与学生之间、学生与学习之间的矛盾，营造一种积极、和谐的课堂氛围，从而促进学生的学习。教师要想成为一名出色的协调者应该做到以下几点。

①教师在学生与学生、学生与教师互动的过程中要协调并鼓励学生，减少学生在课堂交流互动中出现的焦虑及消极情绪，使学生在良好的英语学习环境和氛围中轻松自如地发挥创造力和想象力。

②在语言教学中，教师会组织学生进行各种各样不同的交流、互动。有交流互动，就会有不同的意见乃至矛盾的出现，此时教师要公正地判断各方意见，给予合理、有效的评价，不要给学生一种亲疏有别的感受，以一种平等、亲切的方式正确对待学生与学生之间的摩擦，实现教学目标效益的最大化。

③教师作为协调者，在某种程度上也是为学生提供解决问题和达到某种教学目标或目的的“工具”。当学生在分组或同桌之间讨论时，教师要观察学生正在说的话，并在学生遇到问题时给予及时的帮助，减少学生的挫败感，提高其学习

动力和积极性。在学生碰到如单词学习、听力或对篇章理解等学习困难时，教师要及时给予学生关于学习技巧等方面的指导，要充分利用有限的课堂时间，协调好知识传授与学习策略传授，鼓励学生摸索出适合自己的行之有效的学习策略。

（二）促进者

教师要充当好促进者的角色，以有效培养学生的自主学习能力。所谓促进者，是指在以学生为中心的教学活动中，教师把课堂的控制权基本上转移给学生，让学生自主学习、自由发挥，以学生为学习的主体，鼓励和促使学生学习。具体来讲，教师作为促进者应做到以下几点。

①教师必须严格把握好“放手”和“控制”的程度。这要求教师不仅要具有广博的知识和激励学生的能力，同时还具有强烈的责任心。

②在教学过程中，教师必须努力构建教师和学生之间、学生和学生之间的有效合作，营造和谐有序的课堂氛围。

③教师要在总体上把握课堂进程，注意每位学生的学习进度，但也不要干涉过多，以免影响学生的积极性。

④在旁观的过程中，教师应给予学生积极的鼓励，及时提供准确有效的信息，达到提高学生语言技能和交际能力的双重目的。教师在学生自主学习的过程中积极地观察，这样才能随时掌握课堂中出现的各种情况，制订适合学生的下一步教学计划。

⑤激活学生已有的知识体系，建构并加强新知识的输入。

⑥教师应鼓励学生运用所学的语言知识，与其他学生及教师在特定的情境下进行有效的交流。

教师作为促进者，应帮助并鼓励学生学习，使学生不断地取得新的进步，提高学生自主处理问题的能力。

四、探求者与关怀者

（一）探求者

教学方法在英语教学中的作用是不言而喻的，教师在英语教学中会尝试采用不同的教学方法开展教学。不可否认，教师是教学方法的使用者，但是在翻转课堂教学模式下，教师不应只是教学方法的使用者，还应是新的教学方法的探求者和开发者。英语教学具有很强的实践性，英语语言知识的分析、技能的训练、语言文化差异的讲述等都需要借助有效的方法来实现。英语教学中，常见的教学方法多种多样，如语法翻译法、听说法、交际教学法、任务教学法等都是教师在教学中常用的教学方法，这些教学方法各具优点与缺点，任何一种方法都无法适用所有的教学，因此教师应综合运用多种教学方法来实施教学，并积极开发适合学生的新的教学方法，以更新教学方法，提高教学效率。

（二）关怀者

在传统的英语教学中，整个课堂教学都受教师的控制和管理，教师控制着教学进度，管理着学生的活动，在这一过程中，有些教师却忽视了对学生的关心和关怀。在翻转课堂模式下，教师应从教学的权威控制者向学生的关怀者转变，应关心和关怀所有的学生。实际上，教师的这一角色是由学生的内心需求决定的，每一位学生都渴望得到教师的关心。教师对学生的关怀可以体现出教师对学生的期望，而这能够激发学生的学习动力，促使学生努力做得更好。此外，教师对学生的关心也能引导学生养成关心他人的习惯。在新的教育背景下，社会对学生提出了更高的要求，因此学生的学习压力也随之增加。在这种情况下，教师应充分发挥关怀者的角色，帮助学生解决其学习和生活中的问题，进而提高学生的学习效率。

五、文化者与学习者

（一）文化者

英语教学的最终目的是培养学生的英语综合能力，使学生成为一位合格的跨文化交际者，这要求学生除了掌握扎实的英语语言知识和技能，还要具备丰富的文化知识。由于语言与文化紧密相关，在用英语进行交际的过程中，不可避免地会遇到文化问题，因此在教学中，英语教师除了要充当知识传授者的角色，还应充当文化者的角色，向学生阐述英汉文化之间的差异，以提高学生的文化敏感性。文化背景与文化传统不同，其价值观念和思维方式也存在明显差异。文化差异逐渐成为学生英语学习过程中的障碍。从社会文化角度来看，语言是一种应用系统，具备独特的规范和规则，是文化要素中不可或缺的一部分。在英语教学中，教师除了要教授英语语言知识和技能，还需要教授文化背景知识，三者是相互促进的关系。对于语言文化知识，教师除了要讲解本土文化知识，还要讲解英语文化知识。

在英语教学中，教师承担着传播本土语言文化、讲解英语文化背景知识和阐述英汉文化差异的任务。作为传授文化知识的文化者，英语教师必须掌握大量的英语文化背景知识，并深谙中西方文化的差异。在充当文化传播者和文化差异解释者的过程中，英语教师要注意保持中立的态度，摒弃狭隘的文化本位主义，从而唤起学生的多元文化意识，培养学生的跨文化适应能力。

（二）学习者

快速发展的信息技术使得学生可以更加便捷地获得广泛的知识，这就向教师提出了新的挑战。当今社会是一个顺应时代潮流的学习型社会，任何个体要想与时俱进就应持续不断地自我认识和调适，保持学习者的心态。因此，教师不仅是知识的传授者，也是知识的学习者。

教师要保持持续学习的态度，具体而言，教师在课程的准备过程中应保持持续学习的心态，在授课的过程中与学生互动并使自己的知识层面得以激活。这样教师自身的知识体系才能不断更新，自身知识的价值存量才会不断增加。总而言之，英语教师只有不断“充电”，才能适应英语教学的新要求，才能有足够的能量释放给学生。

六、创设者与应用者

（一）创设者

根据二语习得理论，语言环境对于语言学习有着至关重要的作用，尤其是在缺乏真实语言环境的教学中更是如此。通过创设真实的语言环境，教师可以将新旧知识联系起来，了解中西方的传统文化习俗，接受原汁原味的中西方文化的感染和熏陶，这比学生单独学习词汇和句子成效显著得多。英语语言环境的创设不仅要在课堂教学中展开，在课外教学中也应存在。在课堂上，教师可以采用多媒体手段让学生了解与西方社会文化资源接近的内容。

（二）应用者

在新时期，即网络多媒体非常普及，翻转课堂广泛实施的当前，英语教师的职责并没有削弱，而是面临着更大的挑战，因为这一全新的教育形式对英语教师提出了更高的要求。基于翻转课堂的英语教师必须学会运用先进的教学手段和教学模式，改变传统的教学理念和教学模式，使自己成为现代技术的应用者，这样才能适应当前教育的需求。对于英语教师而言，熟练应用现代技术的能力主要体现在如下几个方面。

1. 设计主题教学模式

翻转课堂模式下的英语教学要求教师设计和探讨新的教学方法和教学模式，既要将网络的优势发挥出来，又要提升学生的学习效率。但是，英语教师设计的主题教学模式应该是学生感兴趣的热点话题。整个主题教学模式应围绕某一特定主题展开，学生以小组的形式围绕该主题进行分散讨论，单元主题的教学以主题写作的形式结束。当教师通过网络与学生进行讨论时，要对教学的内容、网上的资源进行合理安排。一般来说，可以在课堂上进行讲评和组织学生讨论，在网络上则适用于进行阅读与写作。在网络时代的教学条件下，教学设计过程中的每一个主题可能用到的资料都能够在网上找到，然后经学生的总结、整理之后，由学生作出自己的判断。在此基础上组织学生进行讨论，对于摆脱课本的束缚十分有利。

在这一教学模式下，教师在设计时应尽量链接一些有效网址，如常用的热点新闻网址，帮助学生接触更多的国内外新闻知识。同时，教师还可以介绍一些国内外主要报纸、杂志的网址。另外，为了激发学生的探索意识，教师可将一些前沿的资料下载下来。需要特别说明的是，在涉及一些敏感话题特别是与国家尊严相关的话题时，教师应对学生进行正确的引导。

2. 建立在线学习系统并监督学生学习过程

网络多媒体技术为学生的英语学习提供了便利条件，而把控学生的学习进度、提供个别的指导是教师的主要任务，首先要做的就是建立一个完善的在线学习系统。这一系统不仅要包含教师端，还要包含学生端。从学生端来看，学生首先应按照要求填写个人信息，然后以班级为单位向教师提出申请，以便加入在线学习系统。教师在对学生端进行审核且确认无误后，方可允许学生加入该系统中。

根据导航指示，学生可以获取相关资料。例如，在线学习系统包含单元测试与家庭作业等子项目，学生在单元测试中进行训练和测试，在家庭作业中提交自己的作业。之后，学生可以通过师生论坛或者以邮件的形式与教师或者其他学生进行讨论，参与网上的交互活动。

不难发现，在线学习系统是课堂教学的延伸。通过系统记录，教师可以进行比较与综合，从而迅速、直观地了解学生的学习情况。

3. 设计单元任务

单元主题目标往往需要对单元任务进行设计，学生通过对真实任务的探索以及对英语语言的操练，既能够提升自己解决问题的能力，又能够拓宽自己的知识面。由此可见，语言单元训练任务是语言学习的一个重要项目，这就对教师提出了更高的要求，即教师应在网上设计相应的任务，这些任务应能够提升学生的基本技能，让学生在规定的时间内完成任务，然后提交后查看结果，电脑当场给予学生分数。学生以这种方式完成一系列的任务，有助于降低压迫感与挫败感，他们也愿意参与到任务中。

语言单元训练任务的完成是学生接下来解决问题、完成任务的前提，他们只有掌握了必备的语言素材，才能对相关的语言材料进行操练和应用。通过网络，学生可以根据自己的实际水平来选取教师设计的单元任务，然后进行师生交流，最后以网上作业的形式呈现自己的观点。

4. 加入网络交互活动

要想为语言学习提供保障，仅靠单纯的语言输入是远远不够的，还必须依赖交互活动。具体来说，意义协商与语言输出都属于交互活动的范畴。网络多媒体技术为英语学习的交互提供了很大的便利。教师是交互学习的促进者，应充分发挥其指导与组织作用，带领学生投入主题单元的交互活动中。例如，利用网络论坛发布教学内容，布置给学生学习任务，为学生分析和解决问题提供指导；利用QQ 群或者讨论组与学生进行交流等。这些网络交互活动可能具有即时性，也可能具有延时性，但是在整个活动中教师都是促进者的身份，与学生进行平等的讨论，并给予恰当的意见。

5. 帮助学生利用网络学习

网络多媒体技术辅助英语教学的一个重要特色就是其具有网络监控作用。网络学习有助于教师了解学生的学习过程，帮助学生实现自己的目标。教师是学生网络学习的帮助者，尤其是后进生的帮助者。教师可以对学生网页的浏览情况进行记录，了解学生的参与情况和学习中的困难，并解决问题。但是，由于每位学生出现的问题不同，因此教师应该根据不同的学生给予不同的指导和辅助，促使不同层次的学生得到进步。由此可见，网络学习更人性化，可以避免学生出现畏惧心理，并能够快速地解决问题，使学生完成自主学习。

6. 收集和分析大数据

随着大规模在线公开课程的使用，学生可以免费获取大量的名校课程，学生学习的途径有了更多的选择，这就给英语教师提出了更高的要求。数字教育平台的建立使得每门课程的学生都有很多，网络信息库的资源被迅速捕捉出来。通过对学生的海量信息进行收集和挖掘，教师可以更快更准确地把握学生的特征以及学生学习的效果，并对学生下一步的学习形式和内容进行规划，真正实现因材施教。作为大数据技术的应用者，英语教师必须掌握大数据分析的技巧和方法，如模型预测、机器学习、比较优化、可视化等方法。

七、评价者与研究者

（一）评价者

评价是英语教学活动的有机组成部分，教师除了要教授学生具体知识，还应该对学生的学习行为进行科学的评价，即作为一名评价者来评价学生的学习。通过教师的评价活动，学生能够了解自己的进步和不足，进而调整学习方法，明确努力的方向。在英语教学中，作为被评价对象的学生对教师的评价十分敏感，对此教师应尽可能地给予学生正面、积极的评价和更多的理解、关爱，以免挫伤学生的积极性。

（二）研究者

英语教师除了要担任语言文化教学工作，还必须进行教学研究工作，也就是说英语教师除了充当上述角色，还应充当教育研究者的角色。随着现代教育技术的快速发展，教师从繁重的教学任务中解放了出来，教师有了更充足的时间和精力从事教育科研工作，如根据教学实际情况研究教学理论、分析教学问题等，这样可以为教学实践打好基础。

第三节　师生交互模式的创新

一、翻转课堂师生交互模型

翻转课堂中良好的师生交互应发生在不同的学生群体中，围绕着明确的活动任务或内容进行，展示出多样的交互形式。在交互过程中，教师的组织以及评价反馈是不可或缺的行为，学生主要表现出展示、表达与同伴分享的行为。针对翻转课堂最常用的应用方式（课前自主学习、课堂解决问题），建立翻转课堂师生交互模型，促进翻转课堂师生良好交互的实现。

课前师生主要围绕微视频和任务单进行交互。从交互内容来说，课前师生间的交互内容主要是微视频以及任务单，微视频和任务单由教师进行制作，分发给学生，学生与其交互并对知识进行吸收；从交互主体来说，课前交互主体不仅有教师、学生，还有教师和学生构建的共同体即师生共同体、学生共同体，在共同体内部可以发生多种交互；从交互行为来说，教师主要是引导、评价，学生可以有分享、交流和评价等交互行为；从交互环境来说，课前师生交互需要交互平台的支持。交互平台为学生自主学习、教师展示教学资源提供了空间，同时平台中包含有对学生自主学习过程的记录如观看时间、观看次数、暂停次数、暂停时间等。教师可以在平台上对学生学习过程或学习结果进行评价，这样的评价是及时的、有针对性的。学生也可以看到同伴的结果，可以对同伴的提问或结果进行回复，实现同伴之间的互评。在课前师生交互模型中，起关键作用的是交互平台的应用，交互平台通过以下几个模块的建立来使师生更好地交互。

（一）可视化监控模块

为了保证学生课前自主学习活动的效果，提高课堂交互质量，教师应对学生的自学过程进行可视化监控，通过对学生学习活动有组织、有计划的监控，及时反馈学生的学习行为，评价学习结果。这是对学生学习活动制定的激励机制，在教师合理的关注中，逐步提高学生的自主学习能力，并培养其自主学习习惯。具体的监控措施是设置跟踪学生的访问次数、持续访问时间等的模块。教师要通过监控数据及时了解学生学习的情况，在学生完成视频学习之后，要对其学习中的困难、学习心得体会有所了解。教师的监控不是生硬的，不是只对结果的评价，而是对学生的学习进行全方位的评价，让学生感知教师的用心关注。在学习的交互中，教师还应与学生保持感情交流，为学生营造愉悦的学习氛围。

（二）交互评价与讨论模块

学生在完成微视频的学习之后，对任务单内容的解答要上传至平台。在平台上，教师与学生形成评价与讨论的关系，学生在自己理解的基础上，可以对其他同学的作业进行评价。教师对学生的作业本身要进行评价，对于互评的行为也要进行评价，在这个过程中，师生之间、学生之间又一次进行了交互，这一阶段的交互，相比学生与微视频的交互又会深刻一些。在互评的过程中，学生对其他人的学习结果有所了解，同时也能够提高自己的学习水平。在交互平台上，教师既可以对学生进行有针对性的、个性化的评价，也可以通过及时有效的评价，激发学生学习的主动性。教师在评价的过程中还可以了解到能够快速观看微视频的学生数量，在微视频中停留较长时间的学生数量，以此判断微视频制作的有效性。教师对学生作业以及学生互评过程进行评价之后，可以进行总结，以此作为课堂交互的基础内容。在讨论模块，学生可以随时提出自己的疑问，解答同伴的疑问，教师也可以看到讨论的问题，在学生的交流过程中提出指导性意见，让学生实现真正自主学习。

（三）作品展示模块

在翻转课堂实施的课前阶段，教师将学生自主学习的微视频以及任务单上传至平台，学生可以随时进行观看，实现自主学习。在解决了任务单中的问题后，学生可以将自己的答案展示在平台上，同时也可以将具体的解决过程拍成照片上传至平台，一方面可以较全面地分享自己的想法，另一方面可以让同伴或教师进行有针对性的评价。在活动课或实践课中，也可以将自己制作的成品以照片的形式上传，通过作品展示，师生之间可以有更多的交互，同时能更具体更有针对性地交互。作品形成的师生交互，可以让师生对彼此有更全面的了解，教师能够通过多种方式满足学生的个性化需求，促进学生的个性发展。在学生的自主学习过程中，教师可以将所有问题都制作成短小的视频，在学生遇到不能解决的问题时，可以自主观看视频，对问题进行理解并重新完成学习任务。交互平台中的作品展示是师生双方的分享，通过分享，师生间可以实现更多的交互。

课前交互是一个完整的过程，教师制作微视频，学生接收资源，对资源进行自我吸收，接着通过任务单中问题的解决检测自我学习结果，学习结果又反馈给教师。这一过程是师生间小范围的交互，在实际教学中，教师容易忽略师生的对接。课前的交互准备也是一个小循环，在这个过程中，教师要对学生的学习有明确的安排，对学生要有及时的督促，同时可以发挥同伴的作用，给学生提供榜样，在对学习结果回收的过程中，教师要能够将主要问题列举出来，对个别问题也要重视，学生从教师的言行中可以感受到教师对自己的态度，从而引起对科目的兴趣。学生自主学习动机的激发伴随课前的各个环节，教师要提供给学生合作竞争的环境，在安全的心理环境中，适当给予督促、评价，以便学生能够养成自主学习的习惯。课前师生的准备越充分，对课堂中的交互越有利。

在课堂交互中，教师先对学生进行学习检测，学生将检测结果上传，教师在投影上一一呈现，学生不仅可以看到自己的结果，同时还可以看到同伴的结果。教师通过逐一浏览，从中找出有特点或有代表性的检测结果进行点评，形成教师与学生个体、集体的交互。对于学生集体的困惑，教师将进行有针对性的讲解，发挥讲授的作用。学生在教师的讲解过程中获得解决问题的思路和方法，促进思维的发展。教师展示结构化的问题，学生逐一解决，课堂交互有层次、有条理地进行，学生保持着学习的专注力，运用课前学习的结果解决一个个问题，获得自信心，教师在交互中发挥着指导、组织的作用，让学生成为课堂的主人，在课堂中找到自我存在感和成就感。在连环式的交互行为之后，师生进行交互内容的总结，学生整理知识、方法，在交流中获得愉悦的学习体验，在问题的解决、知识的掌握中培养良好的学习习惯。

翻转课堂教学模式下的课堂师生交互主要集中在三个教学环节，即任务单中的问题解决、课堂检测（基础知识理解）、应用型问题解决。任务单中的问题，整体上是较浅层次，目的是激发学生的学习兴趣，让学生获得学习的信心。在任务单中设计一两个有难度的问题（难度适宜）能够使学生进行深入思考。对于难题，学生既可以在课下与教师或同伴交流，也可以留在课堂上解决。教师应做好充分的准备，即对学生在完成任务单时产生的困惑有所了解。在课堂上，教师与学生共同将难题解决，教师在课堂开始阶段就给学生一定的提示，学生带着解决自己的疑问的心理状态，很容易跟进课堂活动的步调。课堂检测是教师与学生集体间的交互，教师对学生进行简单提问或是给出具体的需要全面思考的问题，学生做出回应，教师依据回应了解学生整体的自主学习情况。这是解决教学内容是什么的问题，接着要对怎样用知识，或者为什么是这个知识进行学习。在学生基本掌握教学内容的情况下，教师应设计一些提升能力的问题，这是训练学生思维的过程，当学生已经获得了知识点之后，应给他们提供应用的机会。教师在这个过程中最主要的任务就是观察、引导、鼓励，让学生充分发挥自己的能力，用自己的方法去解决问题。问题解决的最终结果不能放置过高的位置，让学生敢于思考、敢于表达才是重要的。在整个交互过程中，教师对学生的辅导要建立在学生自我解决或与共同体讨论的基础之上。

在课堂交互中，教学活动形式多样，形成了不同类别的师生交互。在检测阶段，教师与班集体进行交互解决共性问题，学生个体与班集体交互解决个别问题；在与共同体的交互中，学生获得问题解决的思路或是问题的最终解答，学生个体与班集体交流将问题解决过程呈现，学生个体与个体之间交互将学生个体疑问解决。课堂活动的设计应从易到难，活动的参与者也从学生个体、学生小组到班集体。学生共同体是以学生及其同伴构成的学习群体，他们有着共同的目标。共同体成员有着自己的认知特点、表达特点。学生与共同体的交互，是一种较平等的交互，具备类似的心理、生理、认知发展水平，在理解与交流的过程中，更容易让彼此实现同化或顺应。共同体是学生同伴的集合，在自尊心以及好胜心的支配下，会自然形成一种向上的力量，带动整个班级的运动，形成良好的交互情形。师生共同体是指教师作为学生学习的同伴，与学生共同解决问题。在师生共同体中，教师成为学生的学习同伴，在问题解决过程中与学生共同提出看法、分享意见，这时的教师对学生而言是学习的促进者。学生通过学习共同体的交流协作完成任务，教师指定代表展示共同体的学习成果，这给个体与班级交互提供了机会。在学生个体表达完之后，共同体中的成员可以对学生个体进行评价或提问，站在较平等的地位，学生更容易有勇气表达，或有信心独立思考。

在课堂交互的过程中，交互内容彼此之间有联系同时又是一种递进的关系，交互主体彼此有交叉，可以形成形式多样的交互。这不仅能够让学生获得知识享受、思维享受和良好的人际关系享受，同时也让课堂更有活力，气氛更融洽。

二、翻转课堂师生交互策略

从翻转课堂师生交互的现状中，可以发现师生交互还存在一些问题，针对这些问题提出切实可行的师生交互策略，能够促使翻转课堂中师生交互更好地开展，同时也能将翻转课堂更好地实施。

（一）交互准备策略

交互准备包含教师准备、学生准备和交互环境准备。教师需要有提供给学生自主学习的资源准备和对学生学习的监控、学习结果的汇总的准备。学生需要对微视频进行深入学习，完成相应的任务单，同时准备好自己的疑问。为保证师生做好交互的准备，本节提出以下几个方面的实践方法。

1. 微视频关口设计

在学生自主学习的过程中，教师和学生之间是一种异步交互，学生对微课中教师的言行会有不同的反应，表现在对微课内容的理解程度不同。在这个交互过程中，教师在微课中需要设计一些明确的给予学生思考的说明或提示。这个过程主要是学生对教学内容的接受、吸收。但对学生而言，这也是一个主动建构的过程，是将学生原来的认知与新知识之间建立联系并完成同化或顺应的过程。教师适当的语速对学生而言是一种引导。除此之外，教师还可以在微课中设置恰当的关口，让学生回忆或总结讲述过的知识，引导他们在此基础上去解决问题。首先，关口一方面是一种调节学生在与教师进行异步交互时所形成的单一的学习状态，它在学生自学的过程中营造了一种氛围，让学生感受到自主学习的过程并不是完全是一个人孤立地看微课，这种氛围对于学生学习的情绪是一种调剂，消减乏味或懈怠的感受。其次，关口促使学生对讲解过的知识进行短暂的回顾，也是让学生进行一个自测。闯关的结果会对学生接下来听课的状态产生影响。微视频中交互的设计也是对学生自主学习过程中的一种指导，教师可以利用停顿来提高学生的注意力，在停顿时，学生可以对学习过程进行反思，同时也可以通过停顿之后的评价促使学生保持学习的动力。因此，关口的难度设计要适中，这样给学生足够的信心进行接下来的听课。这是一种类似游戏化教学的设计，目的是改善学生的情绪和学习状态。最后，微课中关口的设计是将学生的学习、检测活动形成一种范式，这样学生在看过微课之后，就很容易衔接任务单中的检测环节。学生养成吸收、检测、反馈等习惯可以促进对课程整体知识的掌握以及自我学习的了解。在关口的时间点设计上，需要教师在自己的教学经验以及对学生情况的了解基础之上确定。设计关口的形式可以是多种多样的，如一个结合实际生活的疑问或是一个习题式的问题等。除此之外，也要注意微课虽然具有短小精悍的特点，但在讲述的过程中依然要注意有逻辑的要求，这对学生的归纳总结有一定的帮助。微视频资源不仅是提供给学生学习的材料，同时还是一种引导学生学习的资源，在交互环节的设计中，学生可以对知识进行归纳，并利用知识进行问题的解决，在这个过程中调动学生思维积极活动，促使学生进行独立思考，这对学生的批判性思维发展也有一定的帮助。微视频中的交互设计让学生在学习的过程中保持注意力，给学生一种与教师非面对面交流的体验。

2.课前自学方法引导

翻转课堂教学模式实施的首要阶段是让学生进行自主学习。在翻转课堂中，学生利用教师制作的微视频进行自主学习，在学习的过程中通过配套任务单中的问题进行及时检测。从这个过程来说，学生的自主学习目标和学习内容十分清晰，但学习方法不明确。学生长期处于被动的学习状态中，对于自学可能还存在一定的疑惑，因此教师有必要对学生进行自学方法培训，同时也可以在微视频中给予提示。在对学生进行自主学习训练的过程中，教师要对学生的认知策略和元认知策略有清晰的了解，可以通过平时学生分享自己的观点或问题解决思路的手段进行分析，帮助学生认识自己常用的学习策略，对学生学习策略中的不足进行个性化的指导。这个过程，主要是让学生了解自己的自学准备、自我识别、自我选择和自我反思的过程与方法。在微视频资源的学习中，学生对自己学习的心理准备、视频内容的选择性观看和选择性理解以及观看之后的反思等都要有意识地去实践。学习微视频的过程是一个需要耗费精力、利用专注力去实现的阶段，学生在了解了自己的学习过程和方法之后，可以针对自己学习中常犯的错误进行有针对性的强化，以促进良好学习习惯的养成，这样才能真正实现自主学习。在微视频和任务单的使用中，依据不同的学生的情况，可以采用不同的应用方式，对能力较强的学生而言，可以让其先对任务单进行阅览，从任务单中反映出的教学目标能够进一步促进学生带着问题学习，这样的学习更容易实现教学目标；对于自信心不强或能力一般的学生而言，先看微视频再做任务单会更好。微视频只是一个学习工具，如何能让学生通过工具获得知识才是最重要的。教师要对学生的自主学习过程进行方法、策略上的引导，让学生知道面对微视频这些学习资源，该以怎样的状态去使用，同时对于微视频的功能也要进行多方位的解读，如可以进行新课预习也可以在复习阶段进行回顾，在解决问题的过程中有不理解的知识点也可以再次进行观看。除了对自学过程的引导，教师对自学结果也要有指导，学生在完成自学之后，不仅要对自己的疑问、困惑有总结，同时对自己在学习过程中的体会也要有总结，这样才能够不断地提升自主学习能力。教师要充分利用自主学习策略对学生进行学习指导，让学生在学习策略的使用过程中更好地实现教学目标，同时也促使学生养成更好的自主学习习惯。

3.自主学习监控

自主学习监控是指教师对学生的自主学习过程的监督。在监控的过程中，教师不仅可以对学生的学习过程有清晰的认识，同时也会让学生保持一种积极的状态。在翻转课堂的教学过程中，学生可以进行自主学习，这是学生进行独立学习的阶段；教师对学生的自主学习进行监控，能够对学生的学习过程进行评价，而不是只对结果进行评价。教师对学生自主学习过程的有效监控，是课堂教学设计的基础。翻转课堂模式下的课堂是师生共同解决问题的过程，在这个过程中，问题的设计是关键，既要对学生的学习有促进作用，同时也要以教学内容和教学目标为前提。教师通过对学生自主学习过程的监督，可以发现学生学习中的困惑或者学习中存在的问题，这些都可以作为课堂交互内容的一部分。课堂活动是促进学生发展的设计，在已有问题的基础上，利用最近发展区，再设计有助于能力提升的内容，构成课堂师生交互的问题。教师对学生的评价来源于对过程的分析，对学生而言，教师的监控能够促使其保持认真的态度。翻转课堂教学模式实施的两个阶段之间关联度很大，课前是课堂教学的准备，课堂教学又是课前学习的提升，两者之间的联系，主要是教师对学生学习过程的监控。自主学习监控能够促使学生按时完成教学任务，帮助教师实现学生信息的收集，这些都是课堂师生良好交互的前提。因此，在翻转课堂的实施中，教师有必要对学生的自主学习过程进行监控。

（二）教学活动多样性策略

1. 设计多样性交互问题

翻转课堂教学模式下的课堂是师生共同解决问题的过程。设计多样性的交互问题，可以促进师生多角度多层次交互，帮助学生对知识进行多方面的理解，最终实现知识的内化。交互问题来源于学生自主学习过程中存在的疑惑，是学生在知识的认识方面有待解决、解释或者处理的疑难、困惑或矛盾。在课堂交互中，学生是带着已经发现的问题与同伴或教师进行交互，这些已经存在的问题，是师生交互之前教师要加以汇总的交互内容，这是课堂交互问题的一个部分。除此之外，教师要预设一些问题，这些问题在设计的过程中需要对以下几点进行注意。课堂师生交互的问题是以课堂教学内容为中心的，从逻辑上看，交互问题可以有主题问题、前导问题、核心问题、辅助性问题。课堂一般有一个或两个主题问题，它是能够概括教学内容的问题；前导问题是在主题问题之前，对学生起到激发、注意等作用的问题；核心问题和关键问题是对教学重难点的反应；辅助性问题指用来检测或练习的题目。与传统课堂相比，翻转课堂模式下的课堂更注重问题的设计。教师在教学设计的过程中要对教学内容和课堂师生交互的问题进行系统分析，从激发学生兴趣、内化知识、应用知识等几个层次设计交互问题。在问题编排或提出顺序中，教师也要依据学生的思维发展特点以及课堂中的表现有次序地解决问题。除了交互问题类别要丰富，交互问题的提出形式也要有所考量，如采用直接提问还是给出一定的情境引出问题，或者在与学生的交互中引出问题，这要依据具体的教学情境而定。

2. 应用多种教学形式

翻转课堂教学模式下的课堂是师生共同解决问题的过程。针对不同的问题采用不同的教学形式，这样既能合理分配时间，又能高效地解决问题。在不同的教学形式中，学生的参与度不同，师生可以开展全方位的交互。在学生自主学习的过程中，涉及的问题一般都是基础性的问题，在多数学生都有疑问的情况下，教师可以采用集体教学的形式，统一解答，在有限的时间内解决共性问题。对于个性化问题，即对知识理解有代表性的问题或是能够促进学生进一步深入理解知识的问题，教师可以采用小组参与式教学，发挥学生的主观能动性，为问题的解决提供线索或思路。这种方式既可以让学生有独立思考的时间，同时又可以使有想法的学生与教师或其他同伴进行交流，这种教学形式能够带动学生个体或群体参与课堂活动。对于极个别学生的问题，教师可以采用小组互助或个别辅导的教学形式，让每个学生都不留疑问。在课堂交互中，教师可以利用学生特点开展各种形式的教学活动，如演讲、展示、演示、实验等，为不同的学生搭建不同形式的分享平台。在翻转课堂教学中依据学生的特点以及交互问题的难易程度或结构化特点采用不同的教学形式。多样化的教学形式能够带动学生的各种感官，让学生对学习充满热情，不同的教学形式也能促进学生不同形式的展示、表达，促使不同学生群体参与交互。在多种教学形式下，教师可以对学生进行引导，激发学生对问题的思考，同时也促进其与同伴或教师的交互。

3. 构建学习共同体

在翻转课堂师生交互的过程中，师生可以组建学习共同体，在共同体内部可以发生更多的交互，师生也可以与学习共同体进行交互，这样可以实现更丰富的师生交互。从学习共同体的形成与发展来看，主要有以下几个特点：有共同的目标、能够相互认同、交流协商、处于民主的心理氛围中。在课堂教学情境中组建学习共同体，使共同体中的每个成员都有共同的学习目标，在一种积极的心理状态下参与课堂活动。在翻转课堂教学中，通过教学任务的分配，学生群体按照个性特征以及学习特质等方面的异同组建各个学习共同体。在学习目标一致的前提下，给学生自由交流的时间，在多次交流后，彼此之间可以形成一种主动合作学习的关系。学习共同体是由学习者和助学者构成的，在共同体建构的过程中，应合理分配学习任务，明确学习职责，助学者不能越权，学习者应独立承担学习任务。学习共同体的构建需要教师对学生的特点有全面的了解，同时对课堂任务有明确的分配。在翻转课堂实施的过程中，教师、学生组成的学习共同体或者学生组成的共同体在课前自主学习的过程中进行交互，可以使学生更好地理解知识。在课堂中，不同学习共同体之间进行交流，可以促进观点、想法、思路的碰撞。在教师与学生组成的共同体中，教师只是助学者，与学生有同样的目标要实现，对学生起辅助性的作用，不能全权负责学生的学习。构建学习共同体使学生在课前自主学习的过程中有同伴的协助，在独立学习之后，学生可以与同伴进行交互，在交互的过程中解决问题或发现新的问题。在课堂中，不同学习共同体之间可以交互，对彼此的困惑进行解答或者交流产生新的疑问。在这个时候，教师可以为多数学生不能解决的问题进行方法或思路的引导，促进学生对知识的理解和应用。

（三）以“学”定“教”策略

以“学”定“教”是翻转课堂教学模式表现出的一个特点，同时它也是促进师生交互的手段。以“学”定“教”策略是指在教学的过程中以学生的学情和发展特点为前提，明确教学内容，组织教学活动。其有两种表现形式，即先“学”后“教”和以“教”导“学”，前者是翻转课堂教学模式的本质体现。在以“学”定“教”策略的实施中，关键是要对学生的“学”进行全面定位。学生的“学”包含学生的学习状态、学习方法、学习过程以及学习结果等内容。教师对每个维度都要有所了解才能对课堂教学的内容和活动进行设计。在翻转课堂教学中，教师要对学生的学习进行全面、及时的关注，以学生的学习情况开展教学活动，这样，学生才能有表达或表现的可能。教师的“教”用来引导学生进一步地学，在先“学”后“教”、以“教”导“学”的过程中，激发学生学习的动力和热情，使其成为学习的主体，进行学习活动的实践。教师对自己教学的评价也要依据学生的“学”进行，依据学生学习的需要进行教学活动和教学形式的选择。在先“学”后“教”、以“教”导“学”、以“学”评“教”的过程中，学生的行为表现、个性特点可以得到体现，教师和学生之间的交互也更具体更有针对性。在以“学”定“教”的策略实施中，教师负责掌握学生的学习情况，进而做出引导性行为，学生在教师的引导下，不断地作出回应，形成师生间良好的交互。

以“学”定“教”策略的实施过程中，教师要有学生意识，善于从学生的反应中获取信息。教师要善于引导，在课堂中多用积极的情感感染学生，让学生主动参与课堂交互。在翻转课堂教学模式的实施中，课前阶段学生进行自主学习，这为教师提供了解学生学习的机会，教师通过课前交互得知学生的学习情况，从而对课堂教学进行有针对性的设计。课堂教学要建立在学生学习的基础之上，在解决学生问题的过程中，逐步提高学生的能力层次。教师对课堂交互活动的设计要有各种预设，通过学生的反应，及时调整教学，时刻与学生的步调一致，尽可能地让学生在最近发展区中得到发展。教师对交互问题的设计和提出也要建立在学生学习结果的基础之上，交互问题的难易程度应与学生的水平保持平衡，在学生“学”的过程中，对其进行及时有效的评价，不仅从认知层面，对心理层面也要进行评价，这样的评价才能够让学生接受，并作出回应。

（四）交互环境信息化策略

1. 建构交互平台

翻转课堂模式下课堂师生的交互与课前学生的自主学习相关，在交互平台的支持下，教师可以对学生的自主学习进行监控，促使学生完成课前任务。交互平台的建构包括几个模块：资源中心、学习中心和考核中心。用于翻转课堂教学的微视频任务单或教学内容相关资源都放置在资源中心，学生可以在登录之后随时进行观看、学习。学生认为重要的资源可以进行收藏，便于随时查看。考核中心有主题性练习或试卷等资源。学生在观看过视频之后，可以进行及时检测或练习巩固。在练习习题中配有微课讲解，学生在自测之后不能解决的问题可以与其他同伴讨论也可以直接观看讲解，然后重新进行解答，对有代表性的练习，学生也可以进行收藏，方便直接回顾复习。在练习模块中，教师和学生可以进行提问、回复和评价。交互平台通过以上几个模块引导并记录学生自主学习。交互平台中还有跟踪机制，对学生的学习过程进行记录，如学习总时长、学习次数、学习暂停次数等；对学习结果在班级中的排名和每次学习的进步或倒退也有提醒，便于学生随时了解自己的位置。在交互平台中有一些交互机制，如任务引导机制、协作机制、积分机制、学习评比机制、考核机制等，对学生学习进行引导和激励。对于学生经常看的微视频或经常出错的题目，平台也会有记录，并向学生推送类似的内容或练习题，促使学生进一步掌握知识。交互平台的构建和使用，让教师减少了重复性的工作，同时又实现了教师无法完成的工作，为翻转课堂师生的交互提供了课前准备数据，让教师能够真正做到以“学”定“教”，从而实现课堂中深层次的交互。交互平台不仅对翻转课堂的课前阶段提供支持，同时对学生课后的复习巩固也能起到重要的作用。在交互平台的作用下，师生在课前就可以实现交互，教师也可以对学生间的交互进行观察和评价。师生间的交互可以促使教师更好地进行知识的传授。在课堂中，教师不仅可以针对学生的学习结果，还可以针对学生的学习过程进行交互问题的设计，为学生实现知识内化提供了全面的支持。

2. 利用交互终端

在课堂中引入交互终端，教师可以突破传统课堂师生交互中出现的瓶颈，即学生随堂检测结果的量化呈现。传统课堂中，教师只能通过在学生中走动来对学生的学习效果进行大致了解。在有交互终端的情况下，学生可以直接将结果上传，在课堂的白板上就可以显示出来，从学生解决问题的数据结果中，教师不仅可以看到答对和答错的学生人数，还可以知道具体的某个学生的答题情况。在这种情况下，教师就可以进行有针对性的讲解，对集中的问题采用集体讲解，对个别问题采用个别辅导。教师也可以让答对的学生进行分享，让学生感受到多种解题思路，而不是像传统课堂那样只有教师在讲，这对学生思维的发展有一定的帮助。

交互终端中也可以包含题库，当教师与个别学生交流时，其他学生可以依据自己的学习情况进行深层次的练习。在课堂师生交互中，教师不能对每一位学生都进行评价，但在交互终端的支持下，利用交互终端的设计，教师对每一位学生都可以进行及时的评价，这种及时评价对学生的学习情绪能起到一定的引导作用。在交互终端中，可以设计作业提交模块，让每一位学生都可以看到其他人的结果，这样可以让学生在教师快速浏览的过程中进行自我选择，观看其他人的作品进行学习。交互终端中可以存放文本、视频等资源，学生作品可以以不同的形式上传。

在课堂交互中，交互白板也是一种有效的工具，它通过内容的呈现促进师生间交互。在学生需要面对班集体进行观点分享或是思路展示的情况下，就可以利用交互白板。学生将过程书写在白板上，教师和其他学生可以看到完整的解题思路，同时教师可以生成新的内容传给学生，让学生进行消化吸收，也可以用在其他班级中。

第五章　翻转课堂模式下英语教学的创新实践

在传统高校英语教学中，教师讲、学生听是一种普遍的知识教学方式。教师向所有学生传授知识，但是知识被不同学生吸收的程度是不同的。课堂教学时间是有限的，有的学生还未消化完前面一个知识点，可能下一个知识点的讲解就开始了。翻转课堂就可以避免这种弊端的存在，这是因为翻转课堂颠倒了知识传授和知识内化的程序，使得大部分学生可以通过自主学习理解新知识。

第一节　翻转课堂模式下的英语词汇与语法教学创新

一、翻转课堂模式下的英语词汇教学创新

（一）英语词汇教学创新的意义

翻转课堂翻转了教师和学生的角色，教师不再是传统意义上的知识传授者，而是转变为学习活动的促进者与推动者；学生不再是学习活动的被动接受者，而是转变为积极主动的参与者。传统的词汇教学模式已经跟不上时代的步伐，线上线下教育一体化格局已经形成。在新时代的教育格局下，学生成为学习的主体，可以决定学习的广度、深度和速度；教师成为教学新方法的研究者和实践者，致力于提高词汇教学的效率，为学生获取资源、利用信息、应用知识提供便利。

1. 提高了课堂效率

建构主义理论作为翻转课堂的理论依据，认为学生是学习和建构知识的主体，教师在这一过程中起着引导作用。传统词汇教学注重词汇的发音、构成和词性，教学的基本过程是领读单词、翻译单词、造句，词汇的搭配和例句时代感不强，教学方法比较单一、机械，教学过程枯燥乏味，学生学起来没有任何兴趣可言。翻转课堂要求教师把知识的讲解和激发学生的兴趣有机结合，一方面，教师可以

准备更加丰富多彩的词汇教学资源，有利于吸引学生的注意力；另一方面，教师可以利用信息技术使教学资源的呈现方式更加有趣，如和图片、视频、动画等结合起来，与此同时，教师利用最近发展区理论解决学生的词汇能力发展问题。这样就大大提高了词汇教学效率。

2. 激发了学生的兴趣

传统的词汇教学模式过于强调词汇的输入，忽视了对学生口语和写作等语言输出能力的培养，教师主要为学生获取信息、利用资源提供必要的支持。基于信息技术发展的翻转课堂，使学生在课前通过自学掌握词汇知识，然后在课中通过与师生讨论以及语言运用来内化词汇知识。可见，翻转课堂更加注重的是学生的语言输出能力。随着学生语言输出能力的提高，他们运用英语进行日常交际的信心就增加了，从而增强了学习英语的兴趣。教师也可以通过词汇抢答游戏和比赛等来检测学生的课前学习情况，这既可以帮助学生记忆词汇知识，又可以活跃课堂气氛，提高学生的学习兴趣。

（二）英语词汇教学创新方法

1. 科学安排教学顺序

在翻转课堂模式下的词汇教学中，教学顺序涉及课前教学顺序和课中教学顺序。

在课前，学生主要是吸收词汇，教学顺序可以进行如下安排：①呈现单元主题，告知学生学习目标。②围绕单元主题创设情境，提出问题，呈现单元词汇。③在完成词汇释义之后，介绍相关句型，对句型进行释义。④交代词汇和句型的应用情境，给出具体事例，帮助学生领会知识。⑤最后总结知识要点，帮助学生形成完整的知识框架。

在课中，教师主要是引导学生进行知识内化，因此教学顺序可以进行如下安排：①先让学生展示自己的学习成果。②然后对学生遇到的困难进行答疑解惑。③再让学生通过合作探究进行知识拓展。④最后引导学生总结所学知识，综合评价学生的课堂表现。

2. 精心设计教学程序

基于翻转课堂的词汇教学由课前自主学习、课中面对面学习以及课后学习三个阶段组成。

（1）课前自主学习阶段

在课前，教师要根据各单元的词汇教学目标来安排教学资源，包括微视频、导学案、学习自测卡和练习等不同类型的学习素材，其中的关键资源是微视频。然后，教师向学生公布每一单元的词汇学习目标，让学生通过微视频学习每一单元的核心词汇，并完成配套练习。学生在学习微视频时，可以根据自己的理解程度，自由决定观看的次数，并在需要的时候向教师和同学请教。在自主学习结束之后，学生将学习问题反馈给组长，组长综合所有问题后传达给教师，这样，教师就能及时了解学生自学的情况，并在课堂上进行针对性的讲解。

（2）课中面对面学习阶段

在课中，教师主要负责组织课堂活动并引导学生交流，在学生的交流过程中进行个性化指导，完成答疑并布置作业，帮助学生完成知识的内化。本阶段可以分为以下几个程序。

①自主学习情况反馈。在课上，自主学习情况反馈的办法主要是教师对学生的学习成果进行考核，考核方法是由教师考核小组组长，组长考核成员。教师还应对这种考核设置某种激励机制，以激发学生的学习热情。

②答疑解惑。在这个过程中，教师应根据不同的教学主题，灵活地采用提问、游戏、练习等形式，帮助学生回忆所学的词汇知识重点、难点，并对学生课前学习遇到的问题进行答疑解惑。

③合作探究。小组成员就某个问题或者学习任务展开讨论，教师对这一过程进行指导，以此实现小组成员对知识的延伸。

④总结评价。教师要帮助学生梳理课程的知识脉络，总结学生的课堂表现，对词汇教学进行整体评价。评价要以激励为主，注重多元化和公平性，帮助学生进行反思。

（3）课后学习阶段

在课后，学生要完成教师布置的词汇练习，词汇练习既可以来自课后习题，也可以来自其他渠道，还可以是教师自己整理的。教师要及时评价学生的作业情况，帮助学生更好地巩固知识。

二、翻转课堂模式下的英语语法教学创新

在翻转课堂模式下的高校英语语法教学中，教师主要是指导学生的思维方向，而不是传统的演绎灌输，并且非常重视知识的使用。在这一过程中，语法的工具性特征表现得更加明显，学生可以更加清晰地认识到语法学习旨在运用，并且能够了解每种语法适合使用的情境。

（一）英语语法教学创新的意义

1. 提高了学生的语言应用能力

在传统语法课堂教学中，教师更注重语法知识的讲解、规则的记忆和句型的反复练习，课后再布置大量的习题进行巩固，缺少对学生语言应用能力的培养，因此学生并不会真正地运用语言。如果学生无法准确无误地运用所学的语法知识，那么他们在写作时就会出现各种或大或小的错误，如主谓语不一致或者时态混乱等。但是，在实施翻转课堂后，由于学生在课前自学的语法知识可以在课上得到运用，因此就内化了语法知识，使语法知识真正变为学生的语言运用工具。

2. 增强了学生的自主学习能力

在课前，学生通过观看教学微视频独立完成语法知识的学习；在课中，学习小组在教师的指导下通过合作探究的方式完成相关语法知识的学习任务。在这个过程中，学生要灵活运用课前所学的语法知识，充分发挥自身的自主学习能力。可见，无论是课前还是课中，学生所有的学习活动都体现了自身的学习状态和学习愿望。可以说，翻转课堂满足了学生的个性化学习需求，能够充分体现出学生的主体地位，是学生增强自主学习能力的良好契机。

3. 有助于师生互动

传统的英语语法教学模式是教师讲、学生听，课堂沉闷、呆板。但是，在翻转课堂模式下的语法教学课堂中，教师可以根据学生的实际学习情况组织学生开展小组学习，小组进行的合作探究等综合实践学习活动为教师和学生之间的交流创造了良好的平台。学生通过讨论可以解决自身在课前学习中遇到的问题，然后教师通过学生的反馈收集现存问题，并据此调整教学安排。可见，翻转课堂要求师生开展讨论交流，课堂气氛活跃。

（二）英语语法教学创新的方法

将翻转课堂模式用于高校英语语法教学，主要包括以下六个环节。

1. 教师课前准备

教师根据语法教学目标来设计课前和课中的学习材料，其中的主要部分是微视频，这样是为了提高学生学习的主观能动性。教师根据学生的完成情况和提出来的疑难问题设计相应的教学课件。

2. 学生课前学习

在新单元讲解之前，学生可利用周末时间认真观看教学视频，并通过完成学习任务单来掌握自己的学习进度，对存在疑问的知识点进行自主思考，并认真做好笔记，记录下自己发现问题、思考问题、解决问题的过程和结果，以便在课中与同学进行充分讨论，互相分享学习经验。

3. 教师与学生课前互动

学生可以将在课前学习阶段中遇到的困惑放在师生交流群中讨论，教师要对讨论的情况进行观察，对讨论的过程进行监督指导。讨论结束后，教师收集学生仍然存在的问题，并据此调整课堂教学内容。

4. 学生课堂检测

由于学生已经在课前进行了语法知识的学习，因此只需要在课堂抽出三到五分钟的时间用于检测。课堂检测不仅能进一步了解学生的掌握情况，还能帮助学生归纳、总结所掌握的语法知识，为小组活动的顺利进行奠定基础。

5. 学生知识内化

学生主要通过小组活动的方式进行知识的内化。每个小组的人数为4～6人，每个小组选派一个组长、一个汇报发言人、一个记录员，组长一般由英语基础较好、有领导能力的学生担任，督促小组成员积极参与学习和讨论，尽量为小组内的每一个成员都分配适当的角色和任务，这样可以提高小组成员参与讨论的积极性，从而避免小组讨论流于形式。分组的原则是组间同质、组内异质。在小组成员的英语能力互不相同的情况下，同伴间可以取长补短，实现以强带弱、以弱促强的目的。

6. 学生知识巩固

在小组讨论结束后，每个小组选派一名同学进行总结发言，最后教师做点评。点评结束后，教师对本节课所涉及的语法知识及学生遇到的问题进行总结，旨在巩固学生习得的语法知识，并加深其对语法知识的记忆。

第二节　翻转课堂模式下的英语听力与口语教学创新

一、翻转课堂模式下的英语听力教学创新

在改革开放政策的推动下，我国与世界上其他国家之间的沟通与往来日益密切，因此对既精通专业知识又具备语言交际能力的英语人才就有着很大的需求量，这就日益突显出英语教学的重要地位。英语教学的最终目标是培养学生的语言交际能力，这就要求学生在掌握语言知识的同时还能具备在不同文化背

景下顺利交流的能力。

我国高校英语教学改革在不断推进，英语听力的重要性也逐步彰显。在几项英语技能中，英语听力技能是最重要的。学习一门语言，总是先听再去模仿，最后形成语言思维逻辑。学生练习听力，掌握背景知识是极其重要的。了解适量的背景知识可以帮助学生快速、准确地理解所学内容，并且能够预测下文的内容。同时，学生背景知识的积累也会相应地提升学生的交流能力。

（一）英语听力教学创新的意义

在“互联网 +”时代，高校英语教学中的翻转课堂教学模式备受欢迎。这种教学模式与英语专业技能训练的教学规律相符，充分利用了现代化教育手段，体现了教师主导、学生主体的教学思想。翻转课堂教学模式的核心理念是将传统的课堂教学中的知识传授部分转移到课前自学，而将课堂时间用于讨论、互动和实践。学生通过在线学习资源、视频讲解等方式在课前自主学习，然后在课堂上与教师和同学们一起进行深入讨论和实践。这种教学方式的优势在于，学生可以根据自己的学习进度和兴趣进行自主学习，提高学习效率和学习动力。同时，课堂时间的互动和实践环节可以更好地帮助学生理解和应用知识，培养英语听说能力。

翻转课堂教学模式在英语听力教学中的应用，不仅能够增强师生互动，还能够极大提升教学效率。这种教学模式的听力教学效果显著优于传统教学模式。但在把翻转课堂与高校英语听力教学相结合的同时，面临着巨大的挑战，需要教师不断创新。在翻转课堂模式下，改革大学英语听力教学的意义重大，具体如下。

1. 提高学生的综合能力

在英语专业技能类课程中，尤其是英语听力课程中，除了培养学生的语言技能和专业知识，还应注重培养学生的思辨能力、实践能力和自主学习能力等语言外的专业素养，这些素养对于学生未来的职业发展和终身学习至关重要。为了实现这一目标，采用翻转课堂教学模式是一种有效的方法。在这种模式下，学生在课前通过自主学习的方式准备课程内容，如阅读材料、观看视频等。然后，在课堂上，教师可以精讲和解答学生的疑问，同时与学生进行互动，促进学生的思辨能力和实践能力的培养。课后，学生可以通过巩固练习和反思总结来提高自己的学习效果。通过这种全程教学的方式，学生不仅能够在课堂上获得教师的指导和同学的互动，还能在课前和课后进行自主学习和巩固提高。这种教学模式有助于学生的综合素养的同步提高，能够培养学生的批判性思维、解决问题的能力以及自主学习和持续学习的能力。

2. 激发学生学习的积极性

在高校英语专业听力教学中，传统的教学方式往往让学生感到乏味，缺乏积极性。翻转课堂的教学模式可以有效地改变这种状况。翻转课堂可以通过课堂上的互动和讨论，最大限度地激发学生的参与性和积极性。学生可以在课堂上与教师和同学进行深入的讨论和实践，从而更好地理解和应用所学知识。翻转课堂赋予学生自主选择学习时间和地点，使他们能够在任何时候、任何地点进行学习。这种学习模式允许学生根据自身情况，在最适合的时间学习知识和讨论问题，从而提高学习效率。这样能够保持学生对听力课程的学习兴趣，激发他们的学习动力。

3. 积累语言输入量

要提高英语听力，就需要增加输入量。在听力课上，教师必须提供充足的信息，否则学生没有足够的内容吸收，也就无法提高听力水平。传统的听力教学模式是教师讲课并播放听力材料，学生通过认真听课并做作业来吸收知识。然而，在有限的时间内，增加实际训练内容是不可能的。然而，翻转课堂彻底打破了传统的教学方式，给学生带来了全新的学习体验。在课前，学生可以随时随地使用自主学习平台，自主选择学习材料，尤其是听力内容；在课堂上，他们有机会与教师面对面交流，共同解决学习过程中遇到的问题。最终在教师的引导下，学生能够深入理解和消化所学知识。

（二）英语听力教学创新的方法

1. 教学方法的创新

（1）充分利用 TED 资源

TED 指 Technology,Entertainment,Design 在英语中的缩写，即科技、娱乐、设计，TED 是美国一所旨在用思想的力量来改变世界的非营利的私营机构。最早，TED 的讲座仅仅是科技、娱乐、设计，目前已经涉及科学、哲学、艺术、探险、心理学、语言学、慈善等领域。一年一度的 TED 会议汇集了来自多个领域的精英，共同探讨他们对科技、社会、人类的看法。TED 的演讲内容通俗易懂，内容丰富，可以很好地保证翻转课堂的实践。

第一，TED 演讲拥有大量真实的语言素材，这与传统意义上的音频有所不同。通常情况下，学生在课堂上所接受的英语教学都是以录制的形式呈现出来，虽然可以确保语音的质量和纯粹性，但却改变了学习交流的环境背景。

第二，TED 演讲的思想性和深度能够激发学生思考和探索的欲望，帮助他们拓宽视野，培养批判性思维和创新能力。

第三，TED 演讲涵盖了各个领域的知识和观点，为学生提供了多元化的学习资源，有助于培养其综合素养和跨学科的能力。

第四，TED 所公开的演讲录像通常在 15 分钟，一些较短的片段在 10 分钟内，稍长一点的在 20 分钟上下。这个时间长度和当前的翻转课堂教学视频时长极为相似。

第五，演讲者来自全球各地，说话风格和实际交流场合能够让学生产生共鸣，学习到通过眼神所表达的信息以及话语中包含的文化内涵，如声调变化、措辞习惯等语言和文化符号。

第六，在 TED 网站上，所有的视频都没有字幕。然而，在视频下方有一个独立的、交互式的文档，在播放视频的同时会呈现演讲者的讲话内容。这项技术的存在为学生们提供了多种聆听方式，帮助学生更好地学习。

第七，TED 演讲的视频可以在互联网上免费观看，学生可以根据自己的兴趣和需求选择合适的演讲内容进行学习。

TED 的主要优点在于创造了一个原汁原味的、未经改动的英语交流环境，从语言形式、思想内容和技术手段等方面保证了翻转课堂的顺利进行。

（2）建立多元化的考核机制

在翻转课堂教学模式中，课程评价体系发挥着重要的作用。与传统的以期末终结评价为重心、教师考核学生的评价机制不同，翻转课堂强调学生专业技能和综合素质的全面发展，提倡自主学习和协作学习。因此，评价考核机制也需要相应调整。翻转课堂教学模式应建立多元化考核机制，其中包括教师评学生、学生自评、小组成员互评、小组自评和组间互评等方式。这样的评价机制能够更全面地了解学生的学习情况和能力发展，并激发学生的自主学习和合作学习的积极性。同时，翻转课堂教学模式强调形成性评价与总结性评价相结合，形成性评价注重学生在学习过程中的表现和进步，通过及时反馈和指导，帮助学生不断提高；而总结性评价则对学生的学习成果进行综合评价，反映学生的综合素质和专业能力。在这样的评价体系下，学生成为评价的主人，通过自评和互评，能够更好地认识自己的学习情况和进步方向。教师则不再是唯一的评价者，而是与学生共同参与评价活动，为学生提供指导和支持。

（3）合理设计听力翻转课堂的教学模式

翻转课堂教学模式的核心是将学习的主动性交给学生，教师通过在课前布置视频或音频材料，让学生自主学习。这样，学生可以根据自己的学习进度和方式进行学习，提高学习效率。在课堂上，教师的角色发生了转变，不再是单一地解说资料和校对答案，而是主要进行引导和课堂研究。教师将更多的时间放在对听力技能技巧的点拨、对背景知识的拓宽以及难点重点的突破上。课堂形式也由单一的讲授式变为讨论式、表演式等，鼓励学生积极参与，提高学习的互动性和实践性。

为了支持学生的学习，教师可以利用自制或他人制作的音视频资料。例如，教师可以录制解释生词、短语、功能句的视频，让学生在课前观看，节省课堂时间，提高学习效率。同时，教师也可以利用网络上的资料或市场上出售的视频或音频资料来丰富课堂内容，让学生更好地理解和应用知识。

传统的教学模式往往只围绕着教科书的内容，这使得学生接触到的英语材料相对有限。然而，语言输入的不足会阻碍学生进行有效的语言输出，学生可能会逐渐失去对学习的兴趣。然而，随着互联网的普及，学生可以利用各种在线平台（如 TED 演讲、沪江英语、普特英语听力网等）来搜集与课程内容相关的视频资源。这些视频资源不仅可以提供更多的语言输入，还可以帮助学生进行听力训练。因为听力与其他学科不同，需要学生不断地进行强化训练。因此，教师应该通过互联网等多渠道，积极搜集与课程内容相关的视频、音频等资料，以丰富教学内容，激发学生的学习兴趣，避免语言输入不足导致学生失去学习动力。这样的多样化教学模式将为学生提供更丰富的学习资源，增强他们的语言发展和学习动力。

教师可以充分利用互联网上丰富的视频资源，将其整合到教学中，采用翻转课堂的教学模式。在课前，教师可以从 TED 官网等平台选择适合学生水平的视频，并提前布置相关任务。学生在课前有足够的时间观看视频和完成任务。为了满足不同水平的学生，教师可以将任务分级，初级任务要求学生能听懂主题和大意，高级任务要求学生深入了解演讲人的背景知识、主题的详细内容和文化信息。然后，在课堂上进行讨论和交流，让学生成为学习的主体，提高他们的参与度和学习兴趣。这种翻转课堂的教学方式能够激发学生的主动学习意识，提高他们的学习效果。

2. 教学的辅助策略

（1）依托体裁分析理论

由于高校英语听力理解的内容很多都是来自新闻报道，因此教师可以充分运用体裁分析理论，帮助学生了解具体体裁的结构以及词汇和语言特征。

英语新闻大多采用“倒金字塔”结构，也就是分为新闻导语和正文内容两个部分。一则新闻中可能包含多个事件，对这些事件进行重要性的评级，然后按照重要性递减的顺序排列起来，这就体现了“倒金字塔”结构。其中，新闻导语是用一句话概括新闻事件的主旨，包括时间、地点、人物、事件、原因等。

教师可以选取与学生生活较为贴近的听力材料，学生对这类与自身相关的信息一般比较关注，也不会分心，这样才有利于教师的教学顺利开展，提高学生对新闻导语的捕捉能力，从而有效解决学生对该类听力材料的学习心理障碍。

如今的英语新闻在词汇的使用上越来越有自己的特色。新闻中到处可见专有名词和缩略词，这对于部分大学生来说是一个难题。为了帮助学生解决英语听力困难，教师在新闻听力教学前，要先把该新闻中所包含的专用词汇梳理清晰并按照一定的标准进行归类，这就大大降低了学生的词汇学习难度。例如，在英语灾祸新闻中，关于灾祸的词汇主要包括两种类型，一种是自然灾祸词汇，另一种是人为灾祸。

（2）启动问答教学法

由于教学在一定意义上也是一种交际的过程，因此问答教学法是很重要的一种方法。教师的提问不仅可以推动学生主体作用的落实，还可以让学生在表达中进一步提高认知水平。

一是问题的类型。教师的问题可分为三种类型：第一类是针对语言的问题，也就是文本直接或间接提供的内容。第二类是针对信息的问题，分为基于客观信息的问题和基于主观信息的问题。第三类是认知层面的问题，包括回忆、辨认、创作等。这几种类型的问题相互作用、相互补充，共同为听力教学服务。

二是不同类型的问题的不同应用。对于不同类型的问题，教师应该将它们应用在恰当的听力教学阶段。听力教学分为理解阶段和习得阶段，这两个阶段不是孤立存在的，而是相互融合的，理解是习得的基础，而习得又反过来促进了理解。

第一，在理解阶段，对于那些比较重要的语言结构或者文本内容，教师可以进行提问，并且要以展示性和开放性问题为主，如获取大意和细节理解等。这样就使得学生对重要的语言结构及其使用规则更加明确，并且也检验了学生的听力理解情况，从而为后续的习得阶段以及语言内化作铺垫。听力结束后，教师要采用多种方式来检查学生对所学知识的掌握程度，主要集中在一些开放性和参照性问题上，并涉及一些思维挑战性的问题，如让大家进行逻辑思考或者鉴赏等。借助这些问题的帮助，教师可以促使学生产生对阅读理解的持续思考，重新发掘重点内容并提炼解决问题和评估能力所需的隐性知识与技能。

第二，在习得阶段，用耳口并用法最为关键，能解决从听到口中出声这一转化难题，最后达到融会贯通的目标。先由教师提出与语言相关的问题，主要关注一些新出现的词汇、语法用法或是语言的性质特点等方面，同时也会设置一些非答案型的信息重排题或者是文本外的题目，使学生创意地使用刚才听到的生词和表达方式。

二、翻转课堂模式下的英语口语教学创新

在实际中，经常看到教师在口语教学中总是从发音或语法的角度纠正学生语言，以句子为单位要求学生进行交际。但母语口语往往是脱口而出，语言单位往往要比句子短些，是以词段方式出现的。因此，口语教学要求一定要区别于书面语言的要求，像母语那样要求学生是不可能也不合理的。口语课的目标是表达自己的想法或需要，能够处理一些基本的日常交际信息，如问候、感谢、致歉、寻求帮助等。这样的课型往往没有严格的结构，其他教学结构是以语言形式类型为取向，而口语课型结构则以行为类型为取向。

（一）英语口语教学创新的意义

相较于传统的教学方式，翻转课堂采用了一种全新的授课方法，在课外采用了各种技术手段和网上资源来促进学生的自我学习及互相交流合作，而在教室里则更加注重学生们的参与和反馈，以此帮助他们掌握知识点并培养关键技巧。对那些欠缺语言技能、自信心缺乏及比较内向的学员来说，建立这样一种协调良好的学习环境可以有效地消除他们的疑虑，促进其积极性并提高口语表达能力的信心。这种教学方式相对传统课堂更加轻松愉快，同时授课方式幽默风趣。此外，外国文化教学视频给学生带来的生动展示比书本介绍更具吸引力。同时，翻转课堂具备很强的互动性，学生在课前可以观看视频，这能使他们感到相对放松，可以增强他们英语口语表达的自信心，提高他们对英语学习的兴趣。翻转课堂展现了它与英语口语教学结合的前景且正在不断展现其独特优势，具体意义如下。

1. 创造出良好的英语环境

在口语学习中，大量地进行练习并及时纠正错误是至关重要的。只有不断积累正确口语，才能达到从量变到质变的飞跃性进步，学生的语言表达才能变得精准流畅，才能使得口语水平得到显著提升。翻转课堂教学模式可以让大部分非英语母语使用者处在外国语言环境中，他们在被迫使用英文多发言后，自然就会有相当程度的英语口语进步。在这个环境中，学生可以大胆地说英语，从而得到一个适宜学习英语口语的氛围。

2. 实现学习时间和空间的延伸

在传统英语口语课上，有限的时间往往让教师难以激发学生的积极性，难以让他们自由地运用英语进行讨论和沟通。尽管学生渴望使用英语来表达自己的想法，但由于时间限制，他们常常无法充分发挥自己的潜力。此外，许多教师教授的知识可能还没有被学生完全掌握，导致他们在课堂上只能进行语言的输入，但不能输出。

在翻转课堂上，教师花费的时间大幅缩减，让学生有了更多的时间参与学习活动和交流互动。同时，教师仅对本节课程的重点和难点进行了详细阐述，从而节省了大量的课堂时间，使每个学生都有机会进行知识的练习，进而更轻松地完成课堂任务。翻转课堂这种教学模式，能够使学生的学习变得更加充实和丰富，不仅可以让更多的人接受高质量的教育，还可以扩展学习的时空范围。

3. 在一定程度上弥补口语教学质量的巨大分化

在我国的基础教育阶段，不同地域的教育资源分配不均衡导致了青少年英语口语基础和教学质量的差异。一些地区的学校可能缺乏英语教学资源和师资力量，使得学生的口语能力无法得到有效培养。在高等教育阶段，大学生的口语学习受到个体动机和学习自主性的影响，有些学生可能缺乏对口语学习的积极性和主动性，导致口语能力的不足。此外，不同地区、院校、专业、班级的师资结构和口语教师教学水平也存在差异，有些学校可能缺乏经验丰富的口语教师，影响了口语教学的质量。因此，这些因素共同导致了高校英语口语教学质量的巨大分化。

在我国的高等教育领域，教育信息化已经成为教育改革的必然趋势。通过翻转课堂的教学模式，学生可以在课前通过微视频进行学习，根据自身的学习水平和需求进行个性化学习。这种方式不仅让学生能够在课前就主动参与学习，还能够提前发现和解决自己感兴趣或困惑的问题。同时，通过在线讨论的形式，学生可以与教师和同学进行交流和互动，共同探讨课程内容，提高学习效果。这种教育模式的实施，不仅提升了教育的公平性和质量，还满足了学生个性化学习的需求，促进了教育的创新和发展。

（二）英语口语教学创新的方法

1. 教学方法的创新

（1）课前任务

教师任务。教师共同商讨备课方案，确定课堂讲解的内容要点、目的要求以及重点难点等，并以微课的形式给学生观看和评价。

学生任务。学生既可以在课前进入在线学习平台，查看学案和教学短片，并自由地掌控自己的学习速度，也可以暂时停止影片来记录重点词汇或难题。随后，选择课前的练习题目，针对其中的议题展开自发的口语练习并进行录音。

在线交流。学生做完自选练习后，可以将练习录音上传至平台，也可以下载其他同学的自选练习录音以作参考。

（2）探究解决办法

在课堂上，教师会带领学生分组并让他们自行探索和讨论问题。每个小组的学生都会通过阅读材料和相互交流来分享他们的想法。同时，教师也会不时地巡查各个小组以确保所有成员都积极参与到活动中来并给予他们适当的帮助或解答疑问。

（3）成果展示

为了激发学生对课前练习话题的兴趣，教师会采用多种形式的互动活动，如提问、即兴演讲、观看图片并描述所见、讲述故事或模拟情景对话，以此来维持学生的学习热情。

（4）巩固或拓展

在课堂上，教师应当设计有差异的强化训练活动以增强学生的学习效果。学生可以根据自己的能力和需求自由选择题目类型，对于那些基础薄弱的学生来说，可以选择一些简单的基础题来满足基本的需求；而对于那些水平较高、想要进一步提高的学生而言，则可以尝试更具有挑战性的拓展型题目，朝着更高水平的进步迈进。

（5）评价与反馈

小组展示完成后，学生自行评估自己的表现，然后教师进行点评。教师应该充分肯定学生的表现，客观分析该组表现的优缺点，提出精练且更专业的改进意见。评价和反馈不应该仅发生在某个环节之后，而应该贯穿于每个课堂环节。

2. 教学的辅助策略

（1）创境教学法

英语学习的最终目的就是交流，但交流不是在真空中进行的，而是发生在一定的情境中，因此英语学习需要一定的情境才能有更好的效果。口语学习更是如此。举例来说，一个刚出生的婴儿如果在一个英语环境中，其学会的自然就是英语；又如，一个学生即使之前的口语很薄弱，其出国一段时间后，口语水平自然会有很大的提升。这提示教师一定要注意口语教学中情境的重要性，要尽量把真实的语言情境引入口语教学，让学生在真实的环境下学习口语，这样学生的表达才会更加地道。一般来说，角色表演和配音活动是两种有效的情境创设方式。

角色表演是深受学生喜爱的口语练习方式，因为学生往往都活泼好动，也有表演的天生欲望，而角色表演正好符合学生的这种特点，并且角色表演还能让学生告别枯燥单一的课堂授课，很容易调动学生表达的积极性。所以，教师在口语教学中要多组织角色表演活动，把主动权交给学生，让学生自行分工、排练，然后进行表演。表演结束后，教师先不要着急评价，最好先让学生从表演技巧、语言运用等方面发表一些建议，然后再进行总结和点评。

配音也是一种很好的锻炼学生的口语表达能力的活动。在配音练习中，教师可以选取一部电影的片段。首先，让学生听一遍原声对白，在听的过程中教师可以适时讲解其中一些比较难的语言点；其次，让学生再听两遍原声并要求他们尽量记住台词；最后，教师将电影调成无声，安排学生进行模仿配音。教师在选择需要配音的电影时，要注意遵循以下几个原则。

第一，电影的语言发音要清晰，语速要适当，容易为学生学习和模仿。有些电影虽然很优秀，但是角色说话语速过快，对英语水平要求较高，学生在配音时很难跟上，这就很容易打击他们的积极性。因此，教师在选择影片时要充分考虑学生的英语水平，尽量选择情节简单、发音清晰的影片供学生配音。

第二，电影的语言信息含量要丰富。有些电影尤其是动作片，虽然很好看，学生也很喜欢，但是这类电影往往语言信息较少，甚至充满暴力，因此不适合进行配音工作。

第三，电影应当配有英语字幕，有中英双字幕更好。如果没有字幕，教师可以要求学生提前将台词背下来，如果学生对电影情节比较熟悉，也可以不背。

第四，影片内容要尽量贴近生活。由于影片大多和人们的真实生活很贴近，语言也贴近生活，因此配起音来相对容易些，更重要的是能让学生学以致用，让他们真正体会到学习英语的实用意义。

从实践来看，如《花木兰》《功夫熊猫》等电影既有中国文化元素，情节又轻松幽默，语言也十分简单清晰，是很不错的配音电影的选择。

（2）文化植入法

植入最初是医学用词，后被广泛地应用于非医学方面，其中用得最多的概念是植入式广告。如今，我们在很多影视剧和综艺节目中都能看到植入式广告。在英语口语教学中，文化植入与广告植入的理念类似。具体来说，如果让人们直接看广告，即使广告再精彩，看多了也会厌烦，甚至适得其反。文化学习也是如此，如果只是生硬地开设文化课，学生会因为文化内容的博大精深而退却，从而失去学习的兴趣和动力。如果在英语教学中植入文化，那么就能对学生产生潜移默化的作用，从而加深他们对文化的印象，产生文化学习的兴趣，最终提高口语学习的效果。

在选择文化植入的内容时，要遵循一定的原则，具体来说主要有以下几个方面。

一是在精不在多原则。在口语教学中，当教师在进行文化植入时，要注意找到一个恰当的切入点。因为文化知识背景复杂、内容繁多，所以切入点的植入可以激发学生对相关文化内容的兴趣，也有助于学生学习口语。一旦打开文化世界的大门，学生就会自己主动学习。

二是适当原则。植入的时候并不是无原则地随意植入，要植入的内容应当符合学生的兴趣爱好，且能深入浅出，切实帮助学生提高口语水平。教师要充分了解学生的兴趣所在，并找到学生感兴趣的文化内容；要在深入了解植入内容的基础上，尽量通过直观、简易的方式呈现出来。总之，所植入的文化内容难度要适中，既不能太肤浅也不能太深入，否则文化植入不仅不能帮助学生进行口语学习，反而会成为学生学习过程中的阻碍，严重的甚至还会削弱学生的学习兴趣。

三是服务于口语教学原则。文化植入的一切内容都要围绕口语教学进行，并与主题紧密相关。这是因为文化植入的最终目的是帮助学生更好地应用口语，掌握口语课的教学内容，所以文化植入的内容一定要凸显其服务功能。

文化植入并不是生硬地插入，否则和一般的文化课程就无异了，因此教师在教学中要采用合适的植入方式，将文化内容很自然地融入教学中，使其服务于口语教学，这里要注意不能喧宾夺主，而是要起到潜移默化的效果。具体来说，文化植入的方式主要有以下两种。

一是直接呈现。直接呈现是指教师选择一些与教学内容密切相关的文化主题，然后在课堂上将其直接呈现给学生，引导学生理解这个文化主题。教师在呈现时，可以通过一定的手段将其导入教学内容，借助多媒体教学设备进行呈现。例如，在学习有关建筑物的口语课堂上，有很多有关建筑的描述和表达方式需要进行练习。此时，教师可以利用多媒体设备，将不同建筑的时代背景、风格特点等展示给学生，同时融入教学要求掌握的一些表达方式。这些内容能引导学生了解学习内容，并使用所学内容进行练习。通过呈现，学生在表达练习中会更有针对性，也更容易加深印象，掌握知识。

二是间接呈现。间接呈现是指教师根据教学要求和学生实际情况，灵活设计一些小活动，如游戏、竞赛等，并将文化内容有效植入这些活动中。例如，在有关商务用餐的口语表达学习中，教师要植入酒文化。在学生经过前期学习，对酒文化有一定了解的基础上，教师可以组织抢答竞赛等小活动。具体来说，教师可以设计一些实用又有趣的英文选择题，供学生抢答，每题结束后再结合直接呈现的方式，通过图片、视频等向学生介绍该题所包含的文化内涵。这样，学生在互动中既锻炼了自身的口语能力，同时也拓宽了知识面。

（3）文化渗透法

文化渗透和文化植入有一定的共通之处，都是在教学中导入文化因素。具体来说，由于每种语言都处于不同的文化背景下，因此需要结合文化来理解语言的具体含义。教师在口语教学中可以进行总结归纳，通过在教学中渗透英语文化来快速提高大学生的英语口语表达能力。具体来说，教师可以采取以下几种方式。

一是文化对比法。在口语教学中，教师可以通过对比英语文化与母语文化来帮助学生了解不同文化的差异，培养学生的跨文化意识。教师可以首先向学生传授有关中西方文化的各种差异，然后指出学生在交流中容易犯的错误，并表明这些错误正是由于不注意中西方的文化差异。在反复对比和接受中，学生就能掌握英语和汉语及中西方文化间的差异，并在以后的交流中多加注意。此外，学生通过了解不同文化的差异，还能更加尊重不同文化的风俗与习惯，并形成正确处理语言与文化关系的能力。总之，文化对比法是一种行之有效的口语教学方法。

二是交流学习法。大学生经过几年的英语学习，一般已经有了一定的英语水平，有的学生也有一些跨文化交际的经历。因此，教师可以充分利用大学生的这些特点，开展课堂交流，以交流促进学习。

三是教师引导法。教师在口语教学以及与学生的交流中，应时刻注意进行有效的引导。特别是在学生产生交际障碍时，教师应及时进行启发性的引导，这既充分尊重了学生的主体性地位，又对学生进行了文化知识的熏陶，激发了其学习和运用语言的思维。

通过上述讨论可知，中西方文化的诸多差异对英语口语教学产生了重要影响，教师需要结合文化因素采取适当的教学方法。

第三节　翻转课堂模式下的英语写作与翻译教学创新

一、翻转课堂模式下的英语写作教学创新

在信息时代社会中，信息技术得到快速发展，并日益深入社会生活的各个方面，在高校英语教学领域同样不例外。互联网技术在高校教育中的作用日益重要，同时结合人们的研究之后形成了各种成熟的、新颖的教学模式，如翻转课堂教学模式、微课教学模式、慕课教学模式等。在当前信息时代背景下，高校英语教学实现了与信息技术的紧密结合，并在互联网的支持下形成了很多新颖的教学模式，翻转课堂教学模式就是其中典型的一种。将这一模式与英语写作教学相结合，有助于提高英语写作教学的效率，提升大学生的英语写作水平。

（一）英语写作教学创新的意义

1. 反馈具有实时性

在英语写作课程中，采用翻转课堂模式可以极大地改善学生的写作能力。传统课堂模式下，教师批阅作文的反馈往往存在延时，学生难以及时了解自己的错误和不足之处。在翻转课堂中，学生可以在计算机上实时编辑作文，教师可以通过巡视课堂来及时纠正学生的错误。这种实时的反馈和纠正机制，使得学生能够立即了解自己的问题，并进行及时的修正。同时，教师也能够根据学生的实际表现进行个性化的指导和辅导，帮助学生提高写作水平。

2. 整合碎片化学习和合作学习

翻转课堂能够整合碎片化学习和合作学习，从而创造出一种新的教学策。碎片化的学习方式具有针对性强、吸收率高、灵活性强等优点。目前许多学生利用平板电脑、手机或计算机等移动设备在网络上进行学习，他们更愿意接受碎片化的学习方式，并且学习效果也较为理想。碎片化学习可以使学生对知识的认识更具有深度。

在英语写作课堂中，微视频和合作学习的应用对学习效果有着显著的提升作用。微视频的使用可以将课堂内容简化，使学生能够更加高效地学习，减少因长时间写作而产生的焦虑和疲劳感，学生可以通过观看微视频来快速掌握知识点，提高学习效率。合作学习则能够促进学生之间的交流和互动，增强课堂的互动效果，学生可以在小组中共同讨论和解决问题，互相学习和借鉴，从而提升写作能

力。此外，合作学习还能够缩短学生与教师之间的距离，使学生更加自信和积极参与学习。

3. 有助于学生形成良好的写作习惯

培养良好的英语写作习惯是学生成功学习英语的关键。预习能力是培养良好写作习惯的重要环节，通过预习，学生能够提前了解写作内容，做好充分准备。翻转课堂模式则能够提高学生的听课效率和主体性，使他们在课堂上能更好地发挥自己的能力。学生通过预习和翻转课堂的结合，能够更加深入地理解和掌握写作技巧和知识点。教师在翻转课堂模式的英语写作教学中，应重视对学生预习能力的培养，引导学生养成良好的预习习惯。同时，教师也要将课改精神真正落实到实践中，通过翻转课堂模式促进英语写作的发展。

微课视频在翻转课堂英语写作教学中具有重要作用。微课的简短快捷让学生能够迅速获取写作技巧和启示，帮助他们找到写作的突破口。翻转课堂教学模式则通过观察活动和小组讨论，让学生在先说后写的过程中培养良好的写作习惯。学生通过观察和讨论，能够激发想象力和观察力，从而更好地表达和写作。这种教学方式能够提高学生的写作能力和自信心，使他们在英语写作中取得更好的成绩。

4. 有助于提升自主学习英语写作的效率

在英语教学中，翻转课堂不仅能将教学重点转移，它还能提高学生的自主学习效率，缩短面对面教学中的写作训练时间，减轻学生因写作焦虑而产生的心理障碍，从而提升学生的写作水平。

5. 有助于提高学生的写作能力

翻转课堂教学中的同伴互助学习和课堂讨论模式对于提高学生的外语写作水平具有重要意义。这种学习模式能够激发学生的学习兴趣和动力，使他们更加积极主动地参与学习。通过同伴互助学习和课堂讨论，学生能够相互交流和分享写作经验，改进学习策略，提高写作水平。集体讨论为学生提供了丰富的反馈信息，使他们能够更全面地审视自己的写作，并从同伴的意见中获得启发和改进。这种教学方式不仅能够提升学生的写作能力，还能够培养他们的合作精神和批判思维能力。通过翻转课堂教学中的同伴互助学习和课堂讨论，学生能够更好地发挥自己的潜力，提高英语写作水平。

（二）英语写作教学创新的方法

1. 教学方法的创新

（1）教材选择强调课程之间的连贯性、教学素材的本土性

在写作教学中，选择合适的教材至关重要。教材应该涵盖多种文体，包括应用文、基础写作和文学写作等，以满足学生的不同需求。这样的教材选择不仅能够提供更多的自学资料，让学生有更多的练习机会，还能够弥补教学计划中连贯性不足的问题。此外，教材的素材最好来自本土，是学生熟悉的案例，这样能够增加学生的兴趣和参与度。同时，本土素材符合语言教学的真实性要求，能够更好地适应本地区的教学环境和文化背景。

（2）注重实用性、多样性、可操作性、指向性

从教学内容来看，应用文写作是教材中的重点，涵盖了从生活便条到公务便函、个人简历、求职信到商务信函等各个方面的内容，学生可以通过循序渐进的方式综合掌握各种活动中的信函要求。

根据教学辅助手段，教师通过学校教学管理平台上传教学大纲、教学资料等，进行网上交流和实时答疑，安排计分作业，建设题库并设置在线测试。

在教学方法方面，任务型教学法可促使学生更好地理解各类写作规范，同时也能使其熟练运用相关基础知识及技巧。

（3）教学过程强调教学对象的主体性、教学程序的连续性

学生在上课前通过自学教材，可以为课堂上的写作任务做好准备。上课时，教师会布置写作任务，并简要介绍相关的知识点，学生会分头在计算机上进行写作，教师会集中讲解共同问题，但大部分时间会进行一对一的辅导。此外，教师还会发动基础好的学生充当小教师的角色，帮助基础差的同学解决一些简单的问题。

课后，学生将自己写好的作文上传到教学管理平台，由教师进行批阅。通过个性化辅导，学生在写作中的语法和句法错误已经减少。教师在批阅作文时主要关注作文的逻辑性和合理性，并将优秀的作文设为范例展示，供那些缺席的学生参考。这种评阅方式能够及时地提供反馈和指导，激励学生进一步提高写作水平。同时，优秀作品的展示也为其他学生提供了学习的参考。

（4）教学评估强调实践性和过程性

在高校的英语写作课上，可以通过检验学生的语言运用能力来评估之前所学的输入性课程的效果，而当场写作是一种直接且有效的方式，可以用来了解学生

的能力水平及进步情况。因此，在翻转课堂教学模式的应用过程中，教师会强调现场作文的过程和质量，把它作为阶段性评估的重要组成部分。例如，期末考试采用闭卷形式，范围覆盖本学期所学的全部应用文体，学生要根据要求在机房内完成作文。

2. 教学的辅助策略

（1）自由写作法

自由写作是一种思维激发活动，它像一个开启思维的闸门。在目前较为流行的写作过程教学法中，自由写作是创作阶段的一个主要活动形式。它的主要目的是克服写作的心理压力、激发思维活动和探索主题内容。

自由写作的特点是不需要考虑如何采用吸引读者的开头，不必考虑先写什么，后写什么，不必考虑如何过渡，只管信马由缰地发散思维，让思想像流水一样自由涌出。

写十分钟不要停，直到完成一篇小文章。自由写作就像跑步一样，如果跑得太快会很快失去体能，但是也不要跑得太慢，否则会失去已经建立的写作冲动和语流。如果不知如何往下写，就写不知道或重复最后写的话，直到觉得有东西可写为止。

自由写作中的关键问题是不要回头阅读已经写过的内容，要一股劲地往前写。这对于大多数人来说可能太难办到了，因为以前在学校受过的训练都是要求从一开始就要注意如何写得工整、得体。所以，不要担忧语法，不要做任何更正，不要考虑读者是谁，把内心的真实想法写出来。

设想写的文字是透明的，让原始思想暴露出来，可以随时把对某一题目或对某些感兴趣的事物的看法写在笔记本上，正规与否没关系，主要是让思想尽可能地集中在一个主题上。在写作时，顺序有可能改变，并且还可能碰到没有计划要表达的新想法，这没关系，可以在后面重新组织要点。如果没有时间慢慢地自由写作，或者感到困惑，或者仅有一点模糊的想法，就用自由写作激发思维，用写作思考想说的内容和观察所碰到的事物，只要不让写作停下来就行。

自由写作的三个步骤具体如下。

第一个步骤是寻找写作的范围，时长为 5 分钟。有人或许会问这些看似杂乱无章的句子有什么用，这些句子其实蕴含着一种特定的情绪，这种情绪可能是我们当前最为关注的，或者是我们内心深处的真实感受。这些句子代表着我们真实的情感和感受，它们构成了我们自己找到的写作范围。在这些句子中，我们需要找到那些最为闪光的句子或亮点词语，它们将成为我们进入第二个写作步骤的线索。通过这种写作方式，我们能够更好地表达内心真实的情感，提升写作的质量。

第二个步骤是寻找写作的材料，时长为5分钟。在第二个自由写作步骤中，以找到的句子或词语为起点展开创作。这个步骤在动笔之前已经有了一定的范围限定，可以在这个范围内自由地写作。虽然有一定的约束，但仍然可以毫无顾忌地写下自己的想法和感受。写作完成后，需要仔细阅读并整理这些创作材料，提炼出文章的基本线索和层次结构。这种写作方式能够有目的地进行创作，同时在整理材料时也能够提炼出文章的主要内容和结构。

第三个步骤是成文，第三个步骤与通常的写作相同，但与之不同的是，前两个阶段的自由写作为我们提供了内心真正感兴趣的写作范围和材料。在这个基础上，我们可以构建出属于自己的完整文章。通过构思将文字语言外化，我们实际上将思维解放了出来，展现了写作主体的创造性和主动性。这种自由的写作方式能够激发我们的创造力，使我们能够更好地发挥自己的想象力和表达能力，从而构建出独特而有力的文章。

大多数初学写作的人总是将自己的原始语言转换成他们认为更可以接受更得体更正规的某种语言，结果在这个过程中失去了自己的“声音”。看起来似乎他们脑子里有不少好的、清晰的语言，或者说具有这种潜质，但在写作时他们又没有把自己的想法直接说出来，而是凭想象。

这是因为作者使用了他们没法控制的一种“声音”，很快句子便开始变得模糊，失去了生命力，甚至产生了语言和词汇用法错误。如果采用适当的速度和放松的态度进行自由写作，就没有时间去考虑语言的华丽和用词的语气。我们会使用具体的主语和动词，会说得更直接，可以更真实地表达自己的想法。我们开始发现自己的真实想法，于是文章读起来更像是我们自己。即使其中有些有待修改的题外话和问题，也会很有意义。

自由写作的东西的确很凌乱，不过凌乱的东西正是创作一篇好文章所需的材料。我们需要从这些凌乱的东西中寻求有用的材料。开始，我们可能不知道哪些东西是零乱无用的材料，哪些是写作所需要的材料，不过没关系，放在那儿别去动它们，先把它们放在桌上，然后去评判、挑选。好的句子和不好的句子、好的想法和不好的想法紧密联系在一起，只有写出来摆在我们面前才有可能区分出来。如果过早地调换不好的东西，很有可能会丢掉好的东西。

换句话说，写作就像所有的学习和所有的教育一样。教育依靠推断，推断开始时将内心的东西挖掘出来，然后改进、清理、填补并将其放入更为宽广的环境中去。我们要从它所在的地方挖掘出来并加以使用，否则，学习只会是一种虚饰。

这种虚饰是一种我们假装知道，而实际并没有真正的感觉或无法控制的东西，因为它没有与我们本人联系起来。

使读者最受感动的文章往往是那些并不刻意取悦他们的作品。也许更准确地说，在自由写作过程中，既不要忘记读者，又要保持一定的距离，区别对待。也就是说，暂时设想写给那些较安全、较容易接受意见的读者，以及那些和他们在一起感到自由自在的读者。自由写作好像在深夜和一位老朋友的谈话，或者咖啡馆或酒吧里的聊天。

（2）语块教学法

英语中存在词汇程式现象，也就是成串的语言结构，这些词汇组合就被称为语块。语块教学法作为英语教学中一种行之有效的方法，也可以广泛应用于写作教学。教师可以借助这一方法向学生介绍有关语块的基本知识，如概念、分类等，让学生明白语块对语言能力提高的重要意义。学生明白了语块的重要性，就会在学习中不断积累语块并有意识地加以运用，从而写出优美、地道的文章。具体来说，英语教师可以通过以下三个方面展开语块教学法。

一是建构相关的话语范围知识。所谓相关的话语范围知识，主要包含与主题相关的各种社会知识与文化知识。

第一，向学生传授与话语范围相关的知识，并帮助学生掌握知识。具体来说，教师可以与学生进行交流，也可以让学生对其他学生的相关经历有所了解。

第二，对与话语范围相关的双语语言进行比较，尤其是不同语言的异同点，从而了解这些语言背后的文化背景，以及文化背景对话语范围产生的影响。

第三，对与话语范围相关的词汇及表达形式进行列举、选择与整理。具体而言，教师可以引导学生开展如下教学活动：教师提前为学生准备一些与话语范围相关的语篇，让学生对这些语篇进行比较与探讨，以便学生发现不同语言的异同点；在课堂上，教师组织学生探讨自身的经历，如旅游经历，可以让学生对自己旅游过的地方，乘坐的交通工具等进行描述；教师安排学生准备一些与主题相关的物品，如实物、照片、视频等；教师可以让学生从写作的角度来认真阅读语篇，并对语篇中的语言符号、辨别意义等有所了解；教师可以组织学生参加与主题相关的活动，如讨论购物主题时可以让学生亲自去超市购物等，这些活动可以让学生对主题有着深刻的感受；学生在阅读语篇的过程中，将自己遇到的生词等进行归纳，并将这些新词与已学内容联系起来。

二是建立相关语类的语篇模式。在这一阶段，教师写作教学的主要目的包括以下几个方面：第一，让学生对语类及相关主题的语篇能够清楚地了解和把握。

第二，让学生对语类结构与结构潜势有深刻的了解。第三，让学生对语篇语境有清楚的把握。第四，让学生对交际目的、交际功能有清楚的了解。

三是通过分析语篇，学生可以感受到语类的社会意义。具体来说，教师在这一阶段可以安排如下的具体活动：教师为学生阅读一遍语篇或教师与学生一起阅读语篇。具体来说，教师既可以领读，也可以安排学生轮流进行阅读。教师引导学生根据语篇内容推测语篇的背景，如所处的社会时代、文化背景、作者的写作目的等。教师让学生回忆他们在其他时间学过的类似的语篇，并组织学生分小组交流语篇的主要观点、主要内容等。教师组织学生分析语篇的结构与框架，如语篇由几个段落构成，这些段落如何进行连贯的等。教师或者学生寻找一些类似的语篇，对语类结构的阶段方法进行训练。教师以语类为基础，引导学生对一些规律性的语法模式进行总结与归纳，思考语法模式与语类的关联性。

（3）对比教学法

对比教学法是在英语教学中可以采用的有效方法，因为英语和汉语两种语言存在着许多天然的差别，通过对这两种语言进行对比，教师可以帮助学生了解其中的差异，从而帮助自己学习英语。

在写作教学中，教师在批阅学生习作时可以灵活插入对比教学法。具体来说，教师可以适时指出学生习作中不符合英语表达习惯的语句，如果有条件，教师可直接注明规范的英语表达方式，让学生对英汉表达方式进行对比，使其明白其中的差别，从而在以后的写作中多加注意。

（4）综合教学法

英语的几项基本技能之间并不是孤立存在的，而是互相联系、互相影响的。在高校英语写作教学中，综合教学法也是一种非常重要的教学法，将写作与其他技能结合起来进行教学，体现了事物之间互相联系的哲学观点。这里主要介绍听写结合、读写结合、说写结合以及写译结合。

一是听写结合。在写作教学中，教师可以将写作与听力结合起来进行教学。例如，可以通过边听边写的教学方式帮助学生提高写作能力。教师可以让学生听录音或直接向学生朗读，同时让学生随时记录下来听到的内容。这里的内容可以是多样化的，既可以是英语教材上的文章，也可以是课外读物上优美的文章，还可以是一些精彩的小故事。再如，在边听边写的基础上，教师可以进一步深化教学，让学生完成听后复述任务。具体来说，教师既可以自己朗读，也可以播放录音给学生听，让学生集中精力听三遍。听完后，学生可以笔述，也可以直接进行口述。需要注意的是，在这里教师不必对学生要求太高，即不用让学生一字不落地复述下来，而是只总结出所听材料的大意即可。学生笔述或口述活动可以很好地帮助其提高语言组织和表达能力，从而为写作打下坚实的基础。

二是读写结合。读与写之间是相互促进、相辅相成的关系，读是写作素材来源的重要途径，写能进一步加深和巩固阅读能力。在阅读过程中，很多学生都是理解了文章的内容即可，很少有人从中吸取有利于写作的素材。对此，教师应引导学生在阅读中体会作者遣词造句的技巧，并培养学生记笔记的良好习惯，从而使学生积累大量的利于写作的语言知识。这样，学生不仅阅读更加深刻，写作能力也会随之提高。

三是说写结合。由于说和写是相互贯通的，因此教师可以通过说写结合的方式进行写作教学。例如，教学中有很多关于对话的文章，教师可以让学生将一些对话改为短文。学生在改写过程中，要格外注意时态、语态以及人称的变化，并尽量使用对话中的新词汇和新句型。教师也可以组织课堂讨论。具体来说，在课堂上，教师可将作文题目写在黑板上，让学生分组讨论，总结讨论结果，并一起完成写作任务。写作结束后，小组派出一名代表展示本组作文，供教师和其他同学评阅。

四是写译结合。学生在翻译训练中，不仅能够提升语言表达能力，其写作能力也会得到相应的提高。因此，教师应将翻译与写作训练有机结合起来，对学生进行表达习惯、句法规则以及篇章结构等方面的指导，让学生了解英汉两种语言的异同，增强思维能力的转换。

二、翻转课堂模式下的英语翻译教学创新

翻译是将某一文化背景下的语言文字的意义用另一种语言文化表达出来的过程。它是一项复杂的思维活动，也是人们沟通信息、传播知识的重要手段。社会的进步、经济的发展以及各国间的频繁交流都需要翻译这一重要工具，所以社会对具备英语翻译能力的人才需求越来越大。高校英语翻译教学肩负着培养并向社会输出英语翻译人才的重任，因此其备受人们的重视。但目前，高校英语翻译教学依然存在重语言知识传授、轻翻译技能培养的缺陷，并且所采用的教学模式也相对落后，难以培养出符合社会发展需要的英语翻译人才，这就需要高校英语翻译教学不断进行改革。随着信息技术的发展，翻转课堂已开始逐步应用于高校英语课堂教学，并且翻转课堂教学模式与翻译的特性相符，能在一定程度上解决高校英语翻译教学中的问题，显著提高高校英语翻译教学的质量。因此，将翻转课

堂与高校英语翻译教学相结合，在翻转课堂模式下对高校英语翻译教学进行改革与创新意义重大。

（一）英语翻译教学创新的意义

采用翻转课堂的方法来培育大学生是非常合适的，因为这种方法既能满足高校英语教学改革的需求，也能实现高校英语翻译课程中的必需核心技能培养目标。在高校英语翻译教学中实施翻转课堂模式，能够有效地弥补以往英语翻译教学中缺乏实践教学这一不足。因此，翻转课堂大大丰富了教学内容，完善了教学体系，对推动英语翻译人才培养工作发挥了重大作用。翻译技巧需要通过长时间的实践和反思来巩固，学生只有通过持续不断地实践和总结经验，才能获得翻译能力。翻转课堂的核心功能在于通过学生的自主学习来更新他们的认知结构，提升他们的社会实践能力，对高校英语翻译教学的改革具有重要的推动作用。翻转课堂模式下英语翻译教学创新的意义具体如下。

1. 体现新的教学理念

在传统教学中，教师通常采用一种被称为“填鸭式”的教学方式，将知识灌输给学生，而学生则被动地接受。然而，翻转课堂带来了一种全新的教学理念，即将学习的决定权从教师转移到学生身上，让学生能够自主地学习和探索，培养他们的实践能力。在翻转课堂中，教师根据预设的教学目标和学生的实际学习能力和需求，安排不同的学习视频和材料，让学生在课堂上能够反思已经学到的知识，并进行深入的讨论和实践。这种个性化和分级的教学方式能够有效地实现英语翻译教学的目标。通过翻转课堂，学生不再是被动的接受者，而是更加主动地参与学习，从而提高了学习效果和学习动力。

2. 符合英语翻译教学的特点

英语翻译是一项实践性很强的活动，需要在大量的实践中才能逐渐积累翻译的经验。然而，传统的教学方式往往无法满足这一需求。教师通常以教师为中心，教授具体的翻译技巧和应对具体问题的翻译方案，而课堂时间有限，无法提供足够的实践机会。这种教学模式限制了学生的综合知识和翻译实践能力，也缺乏面向市场服务的翻译意识。通过翻转课堂，教师可以利用课堂时间组织学生进行英语的表达和互动活动，让学生获得更多的翻译实践机会，使他们能够更好地应对具体问题。

3. 突破了课堂教学时间和空间限制

翻转课堂教学模式通过网络平台为学生提供了更大的自主学习空间。学生可以根据自己的学习习惯和时间安排，在任何时间和地点进行学习。这种自主选择学习时间和地点的灵活性使得学生能够更好地安排学习进度，根据自己的学习能力和知识掌握程度来决定学习的深度和速度。同时，学生还可以在学习过程中反复回顾和巩固知识，以加强对新知识的理解和掌握。当学生发现自己对某个知识点掌握不准确或者不深刻时，可以随时对学习内容进行反复学习，直到达到理想的学习效果。

4. 构建了新的教学模式

翻转课堂教学模式将学习的重点从课堂转移到课外。学生在课外通过自主学习获得基础知识和基本概念，然后在课堂上进行更多的语言训练和共同讨论。这种方式让学生成为课堂教学的主动参与者，能够真正使学生运用所学的语言知识，锻炼了他们的语言能力。教师可以通过共同讨论等方式引导学生思考和交流，培养学生的批判性思维和表达能力。

（二）英语翻译教学创新的方法

在英语课程中，翻译的重要性不容忽视，但课堂时间有限，教材也缺乏翻译基础知识。为了提高学生的语言综合应用能力和翻译水平，教师可以采用翻转课堂模式。教师可以制作教学微视频，让学生在课前进行自主学习，提前传授翻译知识。然后，在课堂上进行翻译练习和交流互动，加强师生和学生之间的互动，培养学生的语言意识和翻译技巧。通过翻转课堂，学生能够更好地掌握翻译技巧，提高语言综合应用能力，从而更好地应对实际语言交流和翻译任务。

1. 制作个性化的翻译教学视频

在实施课堂教学时，教师应该充分利用短小精悍的视频来传授知识。视频的时间应控制在 15 分钟以内，内容应该模块化，围绕独立的知识点展开，如翻译理论和技巧。教师需要突出教学的重难点，确立明确的教学目标，并考虑翻译教学的系统性和连贯性。为了与英语课文相关，教师应选取与课文内容相关的翻译材料。同时，教师还需要确保视频的画面和声音清晰，以保证学生能够流畅地观看和听到内容。通过这样的教学方式，学生能够更好地掌握和巩固课文的知识点，提高翻译能力。

翻转课堂能够加强教师的主导作用。教师在制作教学视频时，需要明确教学的重难点，设定教学目标和任务。通过发布视频并督促学生观看，教师可以引导学生自主学习，并在学生提出问题时进行答疑解惑。这种方式不仅提高了学生的学习积极性，也使得教师能够更好地指导和引导学生，实现更有效的翻译教学。在翻转课堂中，教师通过回顾翻译理论和技巧，帮助学生巩固知识。教师组织学生以小组讨论的形式展开协作学习，让学生互相交流和分享彼此的理解。同时，教师还对学生的译文进行点评，将优秀的译文展示给全班，激发学生的学习兴趣和竞争意识。课后，教师可以要求学生撰写翻译反思日记，以了解学生的困惑和问题，并根据反馈调整教学方案，提高教学质量。

2. 翻转课堂在高校英语翻译教学中的应用模式

翻转课程设计了一种应用于大学生英语翻译教学的模式，即在课前传达预习的知识，在授课过程中内部消化学到的内容，课后扩展深化。

（1）课前

教师录制一系列关于翻译理论和技巧的视频，并将其分为较短的 8 到 10 分钟的片段。这些视频可以在课前让学生自主学习，并与相关的翻译实践任务一起布置给学生。学生可以组成小组，在小组内合作进行翻译，并最终将合作成果提交给教师进行评阅和点评。同时，教师应在线上平台上为学生提供解答，帮助他们克服在学习视频过程中遇到的困难。这种结合了自主学习和实践的教学方式，将有助于提升学生的翻译能力和理解水平。

（2）课中

在课上，采取课堂小组讨论的教学方式，能够激发学生的主动学习和思辨能力。在这个过程中，学生们可以分享自己对翻译理论和技巧的理解和应用经验，互相学习和互相启发。教师可以通过发起并指导讨论来引导学生深入探讨翻译的难点并尝试寻找解决方案。同时，教师可以做出客观评价，肯定学生优秀的翻译部分，提出改进的建议，帮助学生更好地理解和应用翻译理论和技巧。这种互动交流的教学方式能够培养学生的思辨能力，提高他们的自主学习和独立思考能力，并促使他们更好地内化和应用所学知识。

（3）课后

经过课前观看学习视频、课上进行讨论交流，学生在课后需要对课堂讨论的问题进行深入思考和总结，加强对翻译技巧的理解，并将其应用于实际翻译实践中。教师应鼓励学生撰写反思日志，教师可以通过日志发现疑惑，并在线指导和解答问题，以提高教学效果。

第四节　翻转课堂模式下的英语阅读与文化教学创新

一、翻转课堂模式下的英语阅读教学创新

很多英语教师虽然重视英语教学，但在进行阅读教学时往往忽视了对学生阅读能力的培养。传统的英语阅读教学强调语法、词汇、阅读技巧的讲解，长期如此，势必导致学生缺乏语言运用的交际能力，还会造成学生对语言交际的学习和重视不够。因此，翻转课堂模式下的英语阅读教学必然要进行一定的改革与创新。

（一）英语阅读教学创新的意义

翻转课堂模式在英语阅读教学中具有显著的优势。教师通过要求学生仔细阅读、深度分析并产生共情，使学生的阅读自觉性得到了极大提高，他们在课堂上进行深度阅读，形成复杂的观点和分析。然而，教师在实施翻转课堂时需要注意扬长避短，切实提高学生的英语阅读能力。同时，教师还应该调动学生参与课堂活动的积极性，激发学生的学习兴趣和主动性，兼顾课内阅读和课外阅读。翻转课堂模式下的英语阅读教学改革意义重大，具体有以下几点。

1. 提高了学生的阅读兴趣

在翻转课堂教学模式中，教师充分利用教学视频来激发学生对英语阅读的兴趣。通过制作内容丰富、精彩的教学视频，教师能够吸引学生的注意力，让他们在轻松自由的学习状态下积极参与。学生不再被动地接收教师所布置的阅读任务，而是主动去寻找自己感兴趣的阅读材料进行课外阅读。这种自主选择的阅读方式能够增强学生的学习动力和兴趣，提高他们的阅读能力和理解水平。翻转课堂模式为学生提供了更多的自主学习机会，使他们成为主动的学习者，从而更好地掌握英语阅读技巧和知识。

2. 发展了学生的语言能力

在翻转课堂教学模式下，学生的阅读兴趣得到了显著提高，他们愿意主动进行更多的阅读。这种大量的阅读对于学生的阅读速度和阅读能力的提升起到了重要的作用。同时，阅读所带给学生的不仅是阅读本身，它还对学生的语言综合能力方面的发展有着积极的影响。通过阅读，学生能够扩大自己的英语词汇量，提高写作能力，增强语言表达能力。翻转课堂模式为学生提供了更多的阅读机会和

自主学习的空间，促进了他们在英语阅读方面的全面发展。

3. 实现了学生的个性化学习

在翻转教学模式下，学生不再受限于线下的传统课堂，而是可以在家自由地根据自己的学习进度观看教学视频，学生可以反复观看教师的教学视频，解决疑惑，避免跟不上教师的讲解节奏。在课堂上，教师可以针对学生的学习问题进行讨论，实现个性化学习，确保每位学生在学习中遇到的问题都能得到解决。这种个性化的学习方式能够更好地满足学生的学习需求，提高学生的学习效果。

4. 培养了学生的创新合作能力

在现代社会中，信息技术的快速发展使得媒介融合和网络多元化的趋势日益明显。在教育领域，翻转课堂模式被广泛应用，它使学生不再被动地接收教师的知识灌输，而是成为学习的主体。学生可以自主选择学习的时间和地点，根据自己的学习进度观看教学视频，解决疑惑，避免跟不上教师的讲解节奏。这种自主学习的机会使学生能够更好地发现自己的知识薄弱点和阅读盲点，并思考如何解决问题的策略。通过自主参与英语阅读，学生逐渐培养起自主意识，学会独立思考和解决问题。翻转课堂模式还为学生提供了交流与探讨的平台，他们可以互相指导、交流和合作，从而增进情感并提升合作创新意识。这种培养学生自主意识的教学模式，有助于他们在现代社会中更好地适应和发展。

5. 培养了学生的综合实践能力

翻转课堂模式的核心理念是将学生置于学习的中心，激发他们的学习兴趣和主动性。在这种模式下，学生通过自主学习来探索新知识。他们被鼓励发现问题、思考解决问题的策略，并通过合作交流来共同解决问题。这种学习方式不仅提升了学生的自主学习能力，还培养了他们解决问题的能力。通过与同学的合作交流，学生不仅能够从他人的经验中获得启发，还能够培养合作能力和交流沟通能力。此外，翻转课堂模式还鼓励学生进行创新和实践，通过各种课堂学习活动，学生能够运用所学知识解决实际问题，培养创新能力和实践能力。总之，翻转课堂模式为学生提供了一个积极主动的学习环境，促进了他们的全面发展。

（二）英语阅读教学创新的方法

1. 教学方法的创新

通过采用翻转课堂的教学模式，教师在课前会通过视频或其他材料让学生自主学习，并且在课堂上更注重与知识内化有关的活动，将在课上的讲解内容减少，并留给学生更多的自学和参与讨论的机会。

（1）课前教学

教师应选择与时俱进的资料，以满足学生对新鲜知识的渴望。因此，教师应选择具有趣味性的资料，如有趣的故事、实用的知识和引人入胜的文章，以吸引学生的注意力和激发他们的阅读积极性。教师在选择阅读资料时还应注意篇幅的控制。在翻转课堂模式中，学生需要在课堂上进行深度阅读，并展开各种活动。过长的文章会占用过多的时间，影响学生的深度阅读和活动展开。因此，教师应选择篇幅适中的资料，以确保学生能够在课堂上充分参与讨论和思考。

此外，教师应根据所选的阅读材料制作相应的教学视频，以便学生在课前进行预习。这些教学视频应包含阅读的目的和要求，让学生知道他们需要从阅读中获得什么，还要包括重点讲解的生词和短语用法，帮助学生理解文章中的生词和短语。教师还应解释难句的意思，并对文章的结构进行分析，以帮助学生更好地理解文章的整体框架和逻辑关系。为了保持学生的注意力和保证学习效果，每个教学视频应控制在 15 分钟左右。通过制作这样的教学视频，教师能够为学生提供清晰的指导，帮助他们更好地理解和掌握阅读材料，提高阅读能力。

通过这样的课前活动，学生能够完成教师布置的任务。他们能够独立进行资料阅读和视频观看，理解内容和要求，并进行整理和分析。这种自主学习的方式能够培养学生的学习能力和自主思考能力，提高他们的学习成绩。同时，学生也能够根据自己的兴趣和需求来选择学习的重点，更好地发展自己的学习兴趣和提高学习能力。

（2）课中教学

在阅读理解中，学生需要掌握字面层次和评断层次的技巧。通过课前阅读和观看教学视频，学生往往只能理解文章的字面意思，即获取基本信息。然而，阅读的真正目的是达到评断层次，这需要学生进行更深入的信息收集、评论和分析等活动。在字面层次，学生通过对英语词汇和句子结构的辨识，能够理解文章的表面意思。然而，要达到评断层次，学生需要进行更多的思考和推理，以获取更多的相关信息，并对这些信息进行评论和分析。这种评断层次的阅读理解要求学生能够主动思考、提出问题、寻找证据，并形成自己的观点和判断。

教师在培养学生高层思维技能方面，可以采用仔细研读的方法。教师可以组织学生集体进行示范研读，引导学生注意主题、词语和文章结构。接着，教师可以鼓励学生自主讨论，并将所读内容与之前学过的知识相联系。在课堂上，教师还应引导学生对阅读内容进行评论和分析，以培养他们的批判性思维和分析能力。

学生可以根据自己的兴趣选择喜欢的片段，并与其他组的同学一起进行研读。通过合作式的研读，学生可以互相交流和讨论，了解不同同学的阅读、讨论和分析方式。这种合作式的学习方式有助于培养学生的共情能力，即能够设身处地理解他人的情感和观点。同时，学生还能够更深入地分析自己感兴趣的部分，从而提升阅读理解和批判性思维能力。通过这种合作式的研读，学生能够在互相学习和启发中共同成长。

（3）课后总结

在阅读课结束后，教师应及时总结和归纳学生在课堂上遇到的问题。通过网络学习平台等方式，教师可以给予学生及时的反馈，指出他们在阅读方面的不足和需要改进的地方。学生应根据教师的意见或建议，巩固课堂所学的内容，并反思自己的学习过程，从而能够针对性地调整和改进。

2. 教学的辅助策略

随着我国综合实力的提高以及全球化进程不断加快，社会对精通英语的复合型人才有着越来越大的需求。同时，现代社会对英语人才的要求有所提升，不仅有听、说、读、写、译方面的要求，还有跨文化交际能力方面的要求。因此，当学生的词汇量与文化知识达到一定程度时，教师就应培养学生的跨文化能力。

（1）针对教师方面的改进

为了提升学生的跨文化交际水平，教师需要意识到自身在跨文化交流方面的不足之处并积极加以改进。教师需要从以下几个方面做好充足的准备：首先，教师应该检查自己的英语基础知识，确保没有较大的空缺。也就是说，教师应该拥有丰富的词汇，对发音有足够的了解，听、说、读、写等技能较高。其次，教师应该扩展阅读的广度和深度，通过阅读国外原版的经典文章来增进对西方文化的认识，不断建构自身的西方文化图式，并进一步提升个人文化修养。最后，教师不仅应该学习西方文化，还应该重视对本国文化的学习。只有充分理解了本土文化，建立了文化自信，才能更好地吸收西方文化。

（2）针对学生方面的改进

一是提高学生的思维能力。在英语阅读中，学生会自觉地将阅读和思考结合起来。可见，思考能力是学生阅读中必备的能力。要进行英语阅读，学生就需要运用英语思维。中西方的思维方式是有差异的，如果用惯用的母语思维去思考英语对话和行为，往往会产生疑惑。因此，教师要改进教学方法，培养学生对文化差异的洞察力，从而使其高效地理解文章内容。为了达到这一目标，教师除了选取符合学生兴趣的当下热门的阅读材料，还应为其提供课后互相交流、探讨的时间。这样不仅能够提高学生的阅读理解能力，还能锻炼学生的思考、口语能力。学生自己也要有意识地打好语言基础，在拓宽知识面的基础上运用知识。

二是利用教材扩展学生的跨文化知识。阅读作为一种认知活动，它需要跨越语言和文化的障碍。因此，语言知识和文化知识是跨文化能力的重要组成要素。在英语阅读教学中，教师要充分利用教材向学生传授跨文化知识。这有三个方面的原因：首先，教材相对来说是比较权威和可靠的教学依据，学生可以依据教材进行英语学习和模仿，以便达到语言输入的准确性。其次，教材是作者在特定语境下发表的见解或者表达的思想感情，包含着表层文化和深层文化。因此，学生通过教材能够了解多元文化。要想跨文化交际顺利地进行，学生就必须掌握一定的语言知识、表层文化知识和深层文化知识。最后，即使学生缺少某些跨文化理论，但是教材提供的深层文化知识能够对这个缺陷进行一定程度的弥补，进而有效地减少、消除跨文化交际中的失误和冲突。

学生对教材中的文化知识进行学习和讨论，对理解语篇有一定的帮助，尤其是从不同文化视角探究作者的“言外之意”。由此可见，教师深度、全面地挖掘教材语篇中的文化内容，引导学生吸收跨文化知识，就很好地发挥了语篇阅读教学的效用。

三是跨文化意识和态度培养。阅读也是读者和作者的一次交际过程。语篇都是在特定的社会文化背景下产生的，是作者传递某些信息、表达某种情感的载体。英语阅读就是跨文化阅读。无论是课堂教学、学习讨论还是自主学习，都能让学生反思自己的跨文化意识。学生需要意识到文化多样性是客观存在的，需要平等地看待各种文化。文化没有好坏优劣，只有不同。学生在进行英语阅读理解时，需要借助头脑中已有的英语文化知识图式，通过分析语篇获得一些文化上的体验，如作者的价值观和情感等。随着学生的跨文化意识的增强，学生逐渐从语言知识的被动学习者转变为语篇中文化内容的主动探索者，进而更加积极地学习母语和目的语的语言知识和文化知识。

四是跨文化技巧和行为能力提升。跨文化能力的培养不仅包括知识的增多、跨文化意识的培养，还包括跨文化技能的提高。因此，可以说跨文化能力的培养是一种素质教育。教师应该为学生创造模拟交际场景，把学生置于一个文化多棱镜中，使其更加深刻地认识文化差异。在这个模拟的交际场景中，语言和语境都是真实的，学生能够获得实践的机会，学习动力也能被激发。具体来讲，教师可以使用图、文、声、像相结合的形式导入素材，激活学生大脑中相关的知识图式。在此基础上，教师应引导学生重点分析语篇中的社会交际意义，以便学生更有效地参与接下来的交际活动。学生运用从语篇中学到的知识和技能，完成辩论、小组讨论、角色扮演、模拟采访、短文写作、案例分析等任务，以此提高交际能力。

二、翻转课堂模式下的英语文化教学创新

高校英语课程的一个重要任务就是进行跨文化教育。与此同时，人文素养、文化基础也是学生必须具备的素质。但是，反观当前我国的高校英语教学，因为课时有限、教学任务繁重，部分教师很难腾出时间专门讲解和讨论文化。翻转课堂的出现为解决这一难题提供了有效途径。

（一）英语文化教学创新的意义

1. 文化教学创新的必要性

要开展文化教学，首先应该培养学生的自主学习能力，也就是说，学生的外语交际能力和跨文化交际能力在一定程度上要依靠学生的主观认识与亲身体验，文化教学中学习活动、实践体验、探索深化等环节的顺利完成需要由自主学习能力作为保障。借助新媒体技术的优势，翻转课堂把传统教学模式中的知识传授环节转移到了课外进行。通过使用教师提供的相关资料，无论学生的水平高低，他们都可以自主选择适合自己的速度和节奏来完成知识的获取、问题解决以及任务执行等活动过程，从而彰显出自身的主体性作用，提高自主学习能力。另外，在这种个性化的学习中，学生可以为参与跨文化外语课堂做充分的准备。翻转课堂教学模式可以使学生在心理上减少自卑或自负情绪，也能让其排除主体语言和文化认知上的障碍，从而顺利地进行跨文化思考、交流和合作。当学生的主观能动性得到了提升之后，就会更加自信、积极地参与到文化教学的课堂中。

高校英语文化教学不仅涉及语言文学的基础知识，还包含了社会人文素质培养。大学生已经具备了基本的语言能力，因此应该以培养人文素养为主要目标。然而，由于课时有限，传统的高校英语课堂中的文化教学往往需要为语言教学让步，部分教师认为时间有限，难以充分开展文化教学。在翻转课堂模式下，基础知识传授活动被放在了课外，而教师则利用课上时间来组织各种活动和个别辅导，同时协调课程进度并回答学生的疑问，这样有利于帮助学生更好地理解并消化所学内容。此外，教师还应鼓励学生通过撰写论文等方式进行深度探讨，并在跨文化交流的情境下强化他们的语言和文化素养。这种翻转课堂模式有助于合理地配置课堂资源，从而提高跨文化英语课堂的教学效果。

2. 教学改革的可行性

在新媒体的冲击下，翻转课堂成为高校英语文化教学的必然趋势。高校英语教学需要探索信息化教学的新模式，利用现代教育技术为学生提供语言自主学习和文化资料的丰富资源。通过翻转课堂，师生之间和学生之间的互动与协作得以促进，学生能够更加积极主动地参与学习。相较于中小学，高校英语文化教学更有条件实现翻转课堂。高校排课宽松，学生有更多的课外时间可以自主安排学习、充分利用资源。此外，大学生具备自我约束力、行动力和技术操作能力，更适合进行个性化自主学习。通过翻转课堂模式，高校英语文化教学能够更加灵活、有效地实现教学目标，促进学生的能力发展。

（二）英语文化教学创新的方法

1. 为学生制作学习单

为了提高学生的自主性，教师可以以特定的教学内容为基础，为学生设计一系列的学习单，其中包括教学内容、自主学习任务的详细列表。学生通过完成学习单中的任务，逐渐了解自己的学习需求，从而构建起自主学习的过程。这种自主学习的模式为英语文化教学活动奠定了基础，使学生能够更加主动地参与学习，从而增强学习效果。教师的引导和设计能够帮助学生逐步适应自主学习的模式，培养他们的学习兴趣和能力，为他们未来的学习和发展打下坚实的基础。

2. 要求学生进行课外自主学习活动

教师在教学过程中应将全部教学内容分解为若干个阶段性、模块性的学习目标，以便更好地指导学生的学习。同时，教师还应制作短小精悍的微课材料，并将其传到网络平台上，供学生使用。学生可以根据自身情况制订相应的学习计划，利用学校提供的网络自主学习平台或在家完成学习任务。在选择学习内容时，学生应考虑自身的文化知识掌握情况和语言水平，选择适合自己的学习内容。通过吸收和内化语言与文化知识，学生可以将新知识转化为已知信息，并在特定情境中与他人展开交流和分享，实现有效的跨文化交际。

3. 组织学生完成课内展示和讨论

学生完成自主学习后，教师的角色也发生了转变。教师不再是课堂教学的主体，而是成为指导者和评价者，引导学生展示他们的学习成果，并与其他同学进行交流和分享经验。学生也从被动的知识接受者转变为主动的内容设计者和活动参与者。为了实现这种教学模式，课堂教学应具有多元化的形式，一方面，学生可以通过展现自己掌握的中西文化和跨文化主题的知识来进行呈现；另一方面，教师可以组织各种形式的课堂对话活动，让学生相互交流和讨论，加深对西方文化的理解，并分享有效使用目标语言进行交流的经验和体会。通过这样的教学模式，学生不仅能够展示他们的学习成果，还能够在与他人的交流中进一步提升自己的语言和文化能力。

4. 建立科学的评价体系

翻转课堂教学模式与传统的教学模式有着明显的区别，在跨文化教学课程中，翻转课堂需要借助微课程和慕课等资源，并依赖学生具备较高的自主学习能力。与普通的语言知识课程不同，语言文化教学课程不仅是传递语言知识，还包括文化对比和文化交际的内容。为了将翻转课堂教学模式融入文化教学中，学生需要自主完成文化知识的积累，并通过展示和交流将自主学习的信息转化为有效的输出。此外，应建立一套评价体系，以确保教学目标的达成。评价体系应该全面考量学生的自主学习过程、学习效果以及课堂活动的参与程度等方面，使教师通过了解学生自主学习的具体情况，逐渐培养学生的自觉性，并培养学生对整个学习过程负责的良好习惯。

参考文献

[1] 何冰，汪涛．翻转课堂与英语教学 [M]. 长春：吉林人民出版社，2019.

[2] 杜艳霞，贡灵敏．大学英语翻转课堂教学理论与实践研究 [M]. 长春：吉林大学出版社，2020.

[3] 吴文静．大学英语阅读与翻转课堂教学研究 [M]. 长春：吉林出版集团股份有限公司，2020.

[4] 黄英．翻转课堂模式下的大学英语教学理论与应用 [M]. 长春：吉林人民出版社，2021.

[5] 陈亚轩．基于微课的大学英语翻转课堂教学与自主学习研究 [M]. 北京：中国原子能出版社，2020.

[6] 孙春兰．翻转课堂模式中的英语案例教学研究 [M]. 长春：吉林出版集团股份有限公司，2019.

[7] 王继红，邹玉梅，李桂莲．基于翻转课堂理论的英语教学改革与实践 [M]. 北京：中国原子能出版社，2019.

[8] 钟丽霞，任泓璇．翻转课堂模式下的大学英语教学改革及创新优化 [M]. 长春：吉林大学出版社，2019.

[9] 陈晓丽．高校英语慕课与翻转课堂教学模式研究 [M]. 成都：电子科技大学出版社，2017.

[10] 张园园，刘丽．翻转课堂与英语教学 [M]. 北京：中国原子能出版社，2020.

[11] 周玲琪．基于翻译项目的大学英语翻转课堂教学模式研究 [J]. 湖北经济学院学报（人文社会科学版），2023，20（3）：145–149.

[12] 张亚平．基于在线阅读教学的英语翻转课堂实践研究 [J]. 中学课程辅导，2023（3）：60–62.

[13] 王丹．互联网时代大学英语课堂信息化教学探索：评《信息化教学中英语翻转课堂教学模式的建构与教学实践》[J]. 中国高校科技，2022（12）：109.

[14] 魏华燕，余亮．“互联网＋”条件下的英语翻转课堂教学模式实验研究 [J]. 教师教育学报，2022，9（6）：88–103.
[15] 窦晶．“产出导向法”在大学英语翻转课堂教学中的应用 [J]. 广东水利电力职业技术学院学报，2022，20（4）：77–80.
[16] 何艳华，秦丽莉．大学英语翻转课堂与传统课堂教学模式下生态给养转化对比研究 [J]. 外国语文，2022，38（5）：131–141.
[17] 赵芳芳．大学英语翻转课堂的教学生态研究 [J]. 高教学刊，2022，8（12）：103–106.
[18] 邓毅婷．大学英语翻转课堂教学模式研究 [J]. 林区教学，2022（2）：92–95.
[19] 次旦．慕课教学视角下大学英语翻转课堂教学模式探析 [J]. 海外英语，2021（23）：212–213.
[20] 杨素珍，袁燕辉．基于学生反馈系统的大学英语翻转课堂教学模式研究 [J]. 英语教师，2022，22（14）：49–52.
[21] 冯丹．基于慕课资源平台的翻转课堂教学模式在大学英语阅读教学中的应用研究 [D]. 兰州：西北民族大学，2019.
[22] 朱光玉．翻转课堂教学模式对大学英语学习效果的影响研究 [D]. 大连：大连外国语大学，2019.
[23] 李凤云．大学生英语翻转课堂教学模式适应性研究 [D]. 西安：西安外国语大学，2020.
[24] 杨旭．大学英语翻转课堂教学的影响因素研究 [D]. 重庆：重庆大学，2018.
[25] 张帆．大学英语翻转课堂教学模式的实践及其问题研究 [D]. 南京：南京航空航天大学，2018.
[26] 张春利．大学英语写作翻转课堂教学设计研究 [D]. 漳州：闽南师范大学，2017.
[27] 夏敏．翻转课堂在大学英语教学中的运用 [D]. 上海：华东师范大学，2016.
[28] 刘玲玲．建构主义学习理论下的大学英语翻转课堂阅读教学研究 [D]. 青岛：中国石油大学（华东），2016.

[29] 张伟．基于微课的大学英语翻转课堂教学模式研究 [D]. 重庆：四川外国语大学，2016.

[30] 束春兰．培养自主学习能力的大学英语翻转课堂教学模式研究 [D]. 哈尔滨：哈尔滨师范大学，2015.